로사의 고전 영화 산책

어둠과 빛 사이,
생각이 흐르는 영화 에세이

로사의
고전 영화 산책

전병숙 지음

프레임 너머, 나라는 풍경과 마주하는 시간

처음부터 책을 쓰려던 것은 아니었습니다. 그저 일상의 단상을 기록하던 걸음이 우연히 마주친 옛 영화의 풍경으로 자연스럽게 이어졌을 뿐입니다. 그렇게 만난 옛날 영화들은 화려하지는 않지만 깊은 호흡과 여운을 품고 있었습니다. 낡은 필름 속에 담긴 투박한 진심을 찾아와 오래 머무는 분들을 보며, 이 흩어진 조각들을 한 권으로 묶어 당신에게 전하고 싶어졌습니다.

저는 영화를 분석하지 않습니다. 그저 여행자가 낯선 풍경을 바라보듯 화면 속 인물들을 조용히 응시할 뿐입니다. 스크린 너머의 삶을 들여다보는 일은 결국 내 안의 낯선 나를 마주하는 시간이었습니다. 시대와 배경은 달라도 그들의 모습은 지금의 우리와 놀랍도록 닮아 있었습니다. 암울한 시대, 어둠 속에서도 치열하게 사랑하고 고뇌하는 그들의 모습에서 저는 오늘을 살아갈 '빛'을 발견합니다. 이 책의 부제인 '어둠과 빛 사이'는 바로 그들이 고단한 삶 속에서 길어 올린 사유의 틈을 의미합니다.

지금 당신의 마음이 머무는 결에 따라 골라 읽을 수 있도록 세 갈래의 산책길을 마련했습니다. 첫 번째는 '성장'입니다. 역경을 딛고 우뚝 선 인생의 단면들을 바라보며, 결핍을 지닌 영혼들이 어떻게 회복해 나가는지 그 치열한 과정을 뒤쫓습니다. 두 번째는 '사랑'입니다. 낭만과 격정, 그리고 운명이 빚어낸 서글픈 비극 사이를 오가는 인간 본연의 애달픈 몸짓들을 통해 우리 마음속에 숨은 진실한 행로를 그렸습니다. 마지막은 '인생'입니다. 거친 바다 위에서의 분투와 짙은 고독의 그림자를 응시하며, 파멸될 수는 있어도 패배하지 않는 인간 정신의 고귀한 빛을 조망합니다.

마음이 소란해 위로가 필요한 날, 혹은 타인의 삶을 거울삼아 나 자신을 마주하고 싶은 날에 이 산책로를 찾아주세요. 수십 년 전의 거리와 사람들, 그 속에 담긴 이야기가 당신의 지친 하루에 조용한 벗이 되어주길 소망합니다.

이제 객석의 불이 꺼집니다. 당신의 마음이라는 스크린 위로, 오래된 필름이 건네는 나직한 이야기가 지금 시작됩니다.

차례

성장

늘 불완전한 시퀀스

역경을 이겨 내고 우뚝 선 인생에게 박수를,
「갈채」

연도: 1954년 | 국가: 미국 | 감독: 조지 시튼

주연 배우: 그레이스 켈리, 빙 크로스비, 윌리엄 홀덴

원제: The Country Girl

수상: 제12회 골든글로브 시상식 여우주연상, 제20회 뉴욕비평가협회상
여우주연상, 제27회 아카데미 시상식 여우주연상, 각색상

영화 속 주요 세 인물은 조지, 프랭크, 버니입니다. 버니는 당시 성공한 감독이고, 프랭크는 왕년의 인기 톱스타였으며, 조지는 프랭크의 정숙한 아내였죠. 이 영화는 대사가 긴 편이라 한 번에 파악하기 어려운 면이 다소 있었습니다. 하지만 그 속에서 좌절한 인간의 심리를 묘사하고, 어떻게 갈등을 극복하는지 섬세한 터치를 통해 관객에게 보여 주지요.

로사의 고전 영화 산책

＊＊＊

버니는 제작자 쿡의 반대에도 불구하고 프랭크를 주연으로 쓰고 싶어 한다. 프랭크는 오디션을 보았는데 분위기가 좋지 않자 눈치를 채고 먼저 자리를 떴다. 버니는 쿡을 설득한 후 프랭크를 찾으러 그의 작은 아파트를 찾았다. 그곳에는 이지적이고 침착한 표정을 지닌 프랭크의 아내 조지만 홀로 있었다. 버니는 프랭크가 오디션에 합격했다는 말을 남기고 떠났다. 프랭크는 자신이 주연을 잘 소화할 수 있을지 걱정을 했다. 프랭크는 초조해했고 거의 알코올 중독자 수준의 생활을 하고 있었다. 아내 조지는 그런 프랭크를 보살피며 애처롭게 돕고 있었다.

그들에게는 아픈 과거가 있었다. 프랭크가 잘나가던 시절의 어느 날 녹음을 하는데 아내 조지와 아들이 왔다. 그들은 행복한 시간을 보내고 조지는 미용실에 간다며 아들의 작은 손을 프랭크의 손에 쥐여주고 떠났다. 프랭크는 아들의 손을 잡고 유쾌한 발걸음을 옮기는데 기자가 다가와 사진을 찍겠다며 포즈를 취해 달라고 했다. 그때 프랭크는 잠시 아들의 손을 놓았고, 그때 아들이 지척에서 교통사고로 사망했다. 그 후 프랭크는 죄책감과 회한에 술을 마시기 시작했다.

그는 자해를 하고 불을 지르는 등 극단적인 행동을 반복하여 세간의 측은한 시선을 받았고, 이류 극단을 옮겨 다니며 살았다. 프랭크의 아내 조지는 그런 남편을 다독이고 위로하며 때론 질책하면서 우울하

게 살고 있었다. 조지는 배경 좋은 집안의 딸로 자라서 교양이 있었고, 아름다웠으며, 심지도 굳은 헌신적인 아내였다. 영화의 시점에서 그녀는 외모에는 신경 쓰지 않지만 드레지에, 발자크, 몽테뉴를 읽는 여인으로 표현되었다. 조지는 프랭크가 절망을 스스로 딛고 일어나 과거처럼 책임 있는 남편의 모습을 되찾기를 바라며 기다리는 삶을 살고 있었다. 그렇게 우울했던 그들 부부에게 버니가 새 희망을 가져다준 것이었다. 프랭크는 자신은 없었지만 아내 조지의 도움에 힘을 얻어 배역을 맡기로 했다. 프랭크가 연극을 할 때 조지는 무대 뒤 의상실에서 그를 도왔다. 그가 두려워 떨면 용기도 주고, 그가 술을 마시려 하면 못 마시게 하면서 사사건건 프랭크의 모든 면을 감시했다. 프랭

　　　　　　　　　　　　　로사의 고전 영화 산책

크는 연극 도중 가끔씩 좌절하고 도피하려는 소심한 모습을 보였다. 버니는 그 모습을 보고는 그의 아내 조지의 지나친 간섭 탓이라고 생각했다. 그런 이야기를 하자, 프랭크는 변명 삼아 감독 버니에게 아내 조지가 아들을 잃고 좌절한 후 자신에게 많은 것을 의지하고 자살을 시도했고 불을 질렀다고 하며, 조지가 자신을 독점하려 한다고 거짓말을 했다.

버니는 조지가 프랭크의 모든 생활을 장악하여 프랭크 스스로 자신감을 잃고 위축되었다고 판단했다. 그는 조지에게 뉴욕으로 혼자 떠나라고 말하며 다그쳤다. 조지는 버니와 말다툼을 하면서 자신은 떠나겠으니 앞으로 그가 프랭크의 독립을 책임지라고 했다. 프랭크는 조지가 혼자 떠난다는 이야기를 듣고 좌절하여 술에 절어 나타났다. 버니는 공연을 못 하게 된 프랭크를 보고 대역을 구하여 급한 불은 끄고 프랭크를 재운다.

버니는 조지와 대화 중 프랭크 부부의 비밀스러운 사연을 알게 되었고 프랭크를 향한 조지의 헌신적인 내조도 알게 되었다. 버니와 조지는 격하게 말다툼하는 도중 버니는 조지에게 연민을 품고 그녀에게 기습 키스를 하게 된다. 버니의 기습적인 키스를 받은 조지는 수년 만에 여성이 되었음을 느꼈다고 말했다.

프랭크는 스스로 이 난관을 극복하는 길은 자신의 의지밖에 없음을 확인하게 된다. 그의 연기는 성공했고 비평가들의 찬사도 받았고 과거의 영광도 되찾았다. 제작자 쿡도 만족하여 프랭크에게 지난날 반대했던 일을 사과하며 프랭크 부부를 파티에 초대했다. 파티장에서 조지와 버니의 다정한 눈길을 확인한 프랭크는 놀랐다. 조지는 이제 자신의 행복을 위해 프랭크를 떠나야겠다고 말했다. 프랭크는 어쩔 수 없으니 인정하겠다고 하며 먼저 파티장을 나섰다.

망설이던 조지는 버니에게 가벼운 키스로 인사를 하고 남편 프랭크를 따라 파티장을 떠났다. 버니는 창 커튼을 걷으며 안타까운 눈길로 어둠 속에서 프랭크를 따라 달려가는 조지의 뒷모습을 바라보며 영화는 끝났다.

* * *

이 영화는 정숙한 느낌을 줍니다. 역경을 이겨낸 왕년의 톱스타 이야기가 그렇고, 좌절하여 항상 술에 취해 있는 남편을 위해 헌신적인 노력을 하는 아내의 모습이 그러했죠. 이들 부부 사이에 끼어든 남자 버니의 집념도 대단했지요?

버니는 자신이 어릴 때 인기 높았던 프랭크를 좋아했다고 했고, 그의 재능을 인정한다고 했습니다. 비록 지금은 이류 배우 생활을 하고 있으나, 자신이 감독하는 그 배역을 잘 소화할 수 있는 사람은 프랭크밖에 없다고 생각한 거지요. 버니가 제작자의 반대를 무릅쓰고 자신의 생각을 밀어붙이는 그 패기도 좋았는데, 그는 예상치 못하게 프랭크 부부의 인생사에 휩쓸려 들어가게 됩니다. 인생을 살다 보면 예기

    로사의 고전 영화 산책

치 못했던 상황에 빠지는 경우가 있는데, 그가 그랬던 것 같네요. 버니는 그 와중에 보석처럼 아름다운 마음의 소유자인 조지를 발견하고 마음이 흔들립니다.

이 영화의 원제목은 'The Country Girl'입니다. 영화의 대사 중 조지가 스스로 자신을 'country girl'이라고 하는 대목이 있기는 한데, 그것이 타이틀이 될 만큼 비중 있어 보이지는 않습니다. 조지를 중심으로 생각한다면 그 제목이 어울리는 것도 같지만 제목이 조금 생뚱맞기는 하네요. 한국식 제목은 '갈채'인데 역경을 이겨 내고 성공한 배우 프랭크의 인생을 생각하면 조금 더 어울리는 것도 같습니다.

저는 그레이스 켈리가 출연한 영화는 처음 보았는데 이 영화를 통해 그녀를 자세히 볼 수 있어 좋았습니다. 그녀가 모나코 왕국의 왕비가 되어 세상이 떠들썩하던 그 시절에 그녀의 이름을 이미 들었고 잡지를 통해 기품 있게 아름다운 그녀의 화보는 자주 보았어요. 그녀는 「갈채」라는 영화를 통해 아카데미 여우주연상을 받았고 그 후 얼마 되지 않아 모나코 왕국으로 시집을 갔습니다. 갑작스러운 신분의 변화로 세상의 이목을 한 몸에 받았지요. 그러나 속사정을 보면 이 세기의 결혼식에서 이득을 본 곳은 모나코 왕국이었다고 합니다. 그레이스 켈리 덕분에 모나코 왕국은 관광 대국이 되었다고 하죠?

영화 촬영 당시 윌리엄 홀덴은 젊은 인기 스타였고, 빙 크로스비는 할리우드의 대스타였지만, 「갈채」에서처럼 나이가 든 상태였다고 합니다. 현실이 반영된 채로 영화가 만들어진 것도 흥미롭습니다. 빙 크로스비는 한국에서 배우보다 가수로 더 알려져 있습니다. 그의 크리스마스 노래가 유명한데, 저음의 감미로운 목소리가 들리는 듯합니다.

20200106

로사의 고전 영화 산책

신실한 믿음마저 유혹하는 삶의 향기, 「검은 수선화」

연도: 1947년 | 국가: 영국 | 감독: 마이클 포웰, 에머릭 프레스버거

주연 배우: 데보라 카, 플로라 롭슨, 진 시몬즈, 데이빗 파라

원제: Black Narcissus

이 영화는 수녀들의 이야기입니다. 그러나 영화를 보면 산만함이 느껴질 정도로 등장인물들이 많이 나오지요. 한 가지로 요약하면 수녀들이 오지로 포교를 떠났다가 실패를 하고 돌아온다는 이야기입니다.

＊＊＊

장엄하고 아름답지만, 도도한 히말라야, 당시 인도는 영국의 식민지였다. 수도원 본원에서 5명의 수녀가 차출되어 히말라야 오지 모푸

라는 곳으로 보내진다. 모푸는 해발 2,400미터 높이의 히말라야산맥에 있었다. 성믿음 수녀원의 원장은 클로다 수녀이고 각분야를 책임질 수 있는 수녀들이 한 명씩 보내졌다. 그중 루스 수녀는 본원에서 말썽을 자주 일으켜 환경이 바뀌면 좋아질 수 있을 것이라는 판단에 함께 보내졌다. 루스 수녀는 돋보이고 인정받고 싶은 욕구가 강한 성품이라 했다.

그들이 도착한 곳은 높은 절벽 위의 궁전이었다. 그 지역 장군의 아버지와 함께 살던 여인들이 살았던 곳이라고 했는데, 이슬람 풍속의 하렘을 뜻하는 것 같았다. 말이 궁전이지 지금은 거의 폐허가 된 상태로 아야라는 정상이 아닌 여자가 홀로 살면서 관리를 하고 있다고 소개된다. 수녀들은 그곳에 성 믿음 수녀원이라는 이름을 걸고 수녀원을 열었다. 수녀원의 벽은 하렘 시절 그려진 벌거벗고 향락에 도취된 그림으로 도배가 되어 있었다. 이런 곳에서 어찌 성스러운 종교 행사를 할 수 있을까 걱정이 되었다. 또 아이러니하게도 수녀원도 여인들의 집이라는 점이 같았다. 수녀들은 그곳에 도착하여 짐을 풀었다. 그 지역 장군의 뜻에 따라 수녀원에 학교와 병원을 만들고 지역민을 돕기로 했다.

그 지역에는 딘이라고 불리는 서양인이 있었다. 그는 그곳의 행정관이었다. 지역민과 언어가 잘 통하지 않는 수녀들은 딘의 도움을 받으며 어려운 일들을 헤쳐 나간다. 그런데 딘의 태도는 우호적이지 않았다. 그는 수녀들이 이곳에서 오래 버티지 못할 것으로 생각했다. 딘

로사의 고전 영화 산책

은 수녀원 일에 적극적으로 돕지 않고 겉돌며 비아냥거리는 태도를 보인다. 비가 오기 전에 수녀들은 떠날 것이라고 딘은 말했다. 딘은 캔지라고 부르는 품행이 방정치 못한 마을 소녀를 수녀원으로 보내 보살펴 달라고 부탁한다. 어느 날 장군의 후계자인 청년이 찾아와 서양 문물과 학문을 배우고 싶다고 학교에 입학을 청한다. 수도원이 없기에 원장 수녀 클로다는 입학을 허락한다.

그러던 어느 날 캔지와 왕자는 눈이 맞아 도망갔다. 장군은 사람들에게 수녀원을 찾아가는 것이 습관이 될 때까지 지역민에게 돈을 주었다. 많은 주민이 수녀원에 찾아왔다. 농사도 짓고 아이들도 가르치고 마을의 병자들도 돌보며 수녀원은 잘 운영되어 갔다. 그러나 수녀들의 신앙심은 점점 무너져 내리고 있었다. 그들은 수녀가 되기 전 평범한 인간으로 살았을 때를 떠올리며 괴로워한다. 그곳에서의 일상이 수녀들을 인간적으로 바꾼 것이다. 수녀는 종교인으로서 스스로 인간적인 욕망을 억누르고 신에 가깝게 다가가며 수행을 해야 한다. 그러나 보통 사람들과 섞이어 그들의 희로애락을 접하면서 마을 사람들의 평범한 일상에 자연스럽게 동화되고 있었던 것이었다. 수녀들도 수녀원에 들어오기 전에 평범한 삶을 살았었다.

클로다 수녀는 젊은 청년 왕자를 보면서 자신이 수녀원에 오기 전에 결혼을 약속했던 청년을 떠올린다. 왕자가 장식하고 온 큰 에메랄드 보석을 보며 할머니가 그녀의 목에 걸어 주었던 에메랄드 보석 세트를 떠올린다. 다른 수녀들도 각자의 고민에 빠져 방황한다. 특히 루스 수녀는 자신에게 친절한 행동을 한 딘을 사랑하게 된다. 그러나 딘이 자신의 사랑을 받아 주지 않으니, 그 이유를 클로다 수녀에게 돌린다. 루스 수녀는 파계를 결심했다. 루스가 보란 듯이 빨간 립스틱을 손에 들고 화장을 할 때 클로다 수녀는 성경책을 두 손으로 잡고 펼쳐 읽는다. 세속의 유혹과 종교적 엄숙함의 대결이라고 할까?

파계한 루스 수녀는 딘을 찾아간다. 그러나 딘은 그녀를 거절한다. 루스 수녀는 딘의 사랑을 얻지 못하고 되돌아오면서 클로다 수녀 때문이라고 생각했다. 루스는 클로다 수녀를 살해하려는 계획을 세웠다. 루스는 절벽 종각에서 종을 치는 클로다 수녀를 절벽 아래로 밀기 위해 다가간다. 그리고 그녀를 밀었는데 줄을 잡고 올라오려는 클로다 수녀와 몸싸움 끝에 발을 헛디디고 추락사한다. 루스 수녀의 광분한 연기는 보는 사람의 마음을 오싹하게 할 정도로 대단했다.

 로사의 고전 영화 산책

또 다른 사건은 열이 나던 아이가 수녀원에서 치료를 받고 집으로 돌아가 사망한 사건이었다. 그 후 마을 사람들은 아이들도 학교에 보내지 않고 수녀원도 찾지 않았다. 수녀들은 성믿음 수녀원을 폐쇄하고 떠난다. 딘의 예언대로 비가 오기 직전에….

＊＊＊

수녀들은 문명이라는 선물 보따리를 들고 와서 나름대로 오지 마을 사람들을 위해 최선을 다합니다. 그러나 오지 사람들은 쉽게 마음의 문을 열지 않았지요. 어느 잣대로 보면 그들이 미개한 것 같지만, 그들은 누구의 도움도 필요로 하지 않는 듯했습니다. 그들은 단순하게 보이지만 평등하고 독립적으로 잘살고 있다고, 딘은 말합니다. 그들은 오히려 수녀들의 등장으로 자신들의 평화로운 삶이 깨지고 있다고 생각했을 수도 있겠습니다.

항상 한곳에 앉아 수도하는 성자의 출현은 어떤 의미일까 생각합니다. 그는 마을 사람들의 존경과 관심을 받고 있었고 수녀원 입구에 자리 잡고 있어서 수녀들도 어찌할 바를 몰랐는데, 그는 모든 것을 알고 있으면서 아무것도 모르는 듯한 표정을 보여 줍니다.

딘은 수녀들이 출현한 처음부터 결말을 예상했고 모든 것을 다 알고 있다는 듯한 모습입니다. 수녀원을 찾아왔을 때 그의 복장은 무례할 지경이었지요. 그는 클로다 수녀가 방황할 때 벗어날 것을 권합니다. 속세로의 복귀를 뜻하는 것 같았지요. 그는 마을에서 일어난 그간의 사태를 잘 알기에, 그가 그곳에서 살아낼 수 있는 방법으로 처세했다고 생각됩니다.

마지막으로 검은 수선화라는 제목을 생각해 봅니다. 영화 속에서 장군의 후계자가 공부를 하면서 이상한 향기를 풍겼지요. 왕자는 그 향기는 검은 수선화라는 이름을 가진 런던의 향수라고 말했습니다. 향수는 본래의 인간 향기를 감추고 다른 허세의 향으로 사람을 치장해 주지요. 수녀들에게는 그들 고유의 생활이 있는데 평범한 인간들의 삶의 향기가 향수처럼 수녀들을 유혹했다고 생각해 보았습니다. 파계한 수녀는 죽음으로, 평범한 삶의 향기에 취한 수녀들에게는 실패라는 짐을 지게 해서 단죄를 한 종교적 색채가 강한 영화인 듯합니다. 물론 영화가 만들어질 당시의 정서가 지금보다 더 종교적이었을 테니, 그리 거부감을 주지는 않았겠지요.

수녀들이 떠나며 돌아본 절벽 위의 궁전은 구름 속으로 사라져 버렸답니다. 그렇게 수녀들의 노력은 흔적 없이 바람처럼 사라져 버렸다는 뜻으로 표현된 것일까요?

20171225

　　　　　　　　　로사의 고전 영화 산책

애정과 광기 사이에서,
「레베카」

연도: 1940년 | 국가: 미국 | 감독: 알프레드 히치콕

주연 배우: 로런스 올리비에, 조안 폰테인

원제: Rebecca | 원작: 대프니 듀 모리에의 소설 『레베카』

수상: 제13회 미국 아카데미 시상식 작품상, 촬영상

이 영화에서 특이한 점은 '나'라는 등장인물입니다. '나'는 이 영화의 줄거리를 이끌고 있지요. 그런데 이름이 나오지 않습니다. 또 다른 특이한 점은 '레베카'는 이 영화의 제목인데, 실체를 보여 주지 않습니다. 평범한 구성은 아니지요. 영화의 시작도 인상적입니다. 꿈으로 시작하는 영화이다 보니 전체적으로 꿈속의 일처럼 느껴집니다. 영화를 다 본 후까지 그런 느낌이 가시지 않았지요.

이 영화는 알프레드 히치콕이 미국으로 건너와 처음으로 만든 영화라고 합니다. 아카데미 작품상, 촬영상을 받았다고 하지요. 셀즈닉 제작사와 함께 제작했던 이 작품이 히치콕의 유일한 수상 작품이라고 합니다. 그 후 히치콕의 대명사 격인 유명한 작품들은 수상하지 못했는데, 그런 점을 볼 때 어떤 분야에서 만들어진 것이 그 제도권 밖으로 나가면 아무리 훌륭하더라도 수상권에 들기 어렵겠다는 진부한 생각이 듭니다.

히치콕은 자신의 영화에 직접 출연한다고 하지요? 이 영화에서는 어떤 인물로 출연했을지 생각해 보았습니다. 영화를 보며 찾아보시는 것도 재미있을 것 같네요. 또 '나'를 연기한 여배우는 처음 보았는데, 어쩐지 익숙한 얼굴이었어요. 영화를 보면서 잉그리드 버그만의 모습과도 겹쳐지는 듯했지요. 나중에 알고 보니 「바람과 함께 사라지다」의 멜라니 역을 한 배우 올리비아 드 하빌랜드의 여동생이라고 합니다. '나'를 잘 소화한 배우였어요.

＊＊＊

'나'는 꿈속에서 맨덜리로 가고 있었다. 입구로 통하는 철문은 굳게 닫혀서 나를 반기지 않았다. 꿈속에 늘 그렇듯이 초자연적인 힘을 빌려 유령처럼 문을 통과해서 '나'는 저택으로 향한 길로 들어섰다. 손가락처럼 길게 뻗은 길은 실타래처럼 엉켜 있었다. 교교한 달빛이 비치었을 때 완벽한 균형의 흔적을 지닌 맨덜리 저택이 황량한 모습으로 나타났다. '나'는, 우리는 다시는 맨덜리로 돌아가지 않을 것이라고 다

짐을 했다.

'나'는 아버지를 여의고 고아가 되어 어떤 귀부인의 말동무로 취직을 했다. 부인은 남프랑스 몬테카를로로 여행을 왔다. 나는 한가한 시간에 근처를 산책하는데 가파른 해안가 절벽 끝에서 바다를 응시하며 서 있는 신사를 발견했다. '나'는 직감적으로 그가 극단적인 선택을 하려 한다고 생각하고 소리를 쳤다. "No! Stop!" 그는 '나'를 돌아보았다.

호텔 로비에서 무료함을 달래던 부인이 유명 인사를 볼 수 없다고 투덜거리는 순간에 드윈터 씨가 나타났다. 그는 영국에서 가장 큰 저택을 지닌 부호였고 최근에 상처하고 상심 중이라고 부인은 '나'에게 설명했다. 부인은 드윈터 씨에게 합석을 권유했다. 그는 '나'가 해안가 절벽에서 본 그 신사였다. 부인이 감기에 걸려 간호사를 고용했기에 '나'에게 여유 시간이 생겼다. '나'는 우연히 식당에서 드윈터 씨와 함께 식사하고 그의 초대로 드라이브를 함께 했다. 부인에게는 테니스 레슨을 받는다고 둘러대었다. 드윈터 씨는 '나'에게 친절하게 대해 주었고 '나'도 그에게 호감을 느꼈다.

어느 날 부인은 딸이 약혼한다며 급히 미국으로 돌아가야 한다고 말했다. '나'는 드윈터 씨에게 작별 인사를 했는데 그가 갑작스레 청혼을 했다. '나'는 그의 청혼을 받아들였다. 콘월에 있는 맨덜리 저택에 도착한 날 비가 왔다. 저택은 너무 멋졌고 하인 수십 명이 나와 드윈터 씨를 반겼다. 드윈터 씨는 '나'에게 자신을 막심으로 불러 달라고 했다. 맨덜리에 있는 하인들은 '나'를 막심의 전 부인인 레베카와 비교

하는 것 같았다. '나'는 귀족들의 삶에 익숙하지 않았기에 주눅이 들어 있었다. 댄버스라는 여성 집사가 있었다. 그녀는 막심의 전처인 레베카의 시중을 들던 여인이었는데 그래서 '나'의 많은 부분을 지도해 주었다.

맨덜리 저택의 모든 곳에는 레베카의 흔적이 깊이 베여 있었다. '나'는 저택의 동편에 머물렀는데 저택의 서편은 레베카의 침실이었다고 했다. 어느 날 댄버스 부인은 레베카의 방을 내게 소개해 주었는데 그 방은 저택에서 가장 아름다운 방이라고 했다. 나는 레베카의 방에 들어가서 놀라움을 금치 못했다. 모든 생필품이 편리하게 정리되어 있었고, 지금이라도 레베카가 들어와서 생활해도 될 만큼 완벽한 모습이었다. 모든 소지품에는 레베카의 이니셜인 R이 수놓아 있었다. 이

　　　　　　　　　　　　　　　로사의 고전 영화 산책

모든 부분을 댄버스 부인이 관리하고 있다는 사실도 소름이 돋았다. 댄버스 부인은 드윈터 씨가 요즘도 레베카를 잊지 못해 밤낮으로 괴로워하고 있다고 말했다. 드윈터 씨와 레베카는 서로 깊이 사랑했기에 드윈터 씨의 상심이 크다고 했다.

'나'는 입지를 굳히기 위해 막심에게 저택에서 가면무도회를 열자고 제안했다. '나'는 댄버스 부인의 제안으로 복도 벽에 있던 초상화의 의상을 모방하여 무도회 의상으로 정했다. 막심이 화려한 모습을 좋아할 것이라는 생각도 나를 도왔다. 무도회 날 '나'는 모두를 놀라게 하려고 잘 차려입고 내려갔는데, 막심은 '나'를 보고 놀라며 화를 내었다. 그 옷은 레베카가 생전에 입었던 것이었다. '나'는 상심하여 침대에 엎드려 울고 있는데 댄버스 부인이 왔다. '나'는 그녀에게 왜 '나'를 미워하느냐고 따져 물었다. 그녀는 레베카는 '나'와 비교할 수 없는 신분의 여자임을 알려 주고 싶었고 레베카의 자리를 차지하려고 막심과 결혼한 '나'가 밉다고 말했다. 그리고 속삭이듯 막심은 아직도 레베카를 못 잊어 괴로워하니 떠나라고 하면서 창문을 열었다. 그리고 아주 쉬우니 뛰어내리라고 속삭였다. '나'는 악마의 유혹에 이끌리듯 창문으로 다가가서 안개로 깊이를 알 수 없는 아래를 내려다보았다.

그때 멀리서 아우성이 들렸다. 해안가에서 난파선이 발견되었다는 신호가 하늘로 울려 퍼졌다. 그 난파선은 레베카가 타고 나갔던 그 배라고 했다. 사람들은 해안가로 몰려갔고 '나'는 막심을 찾으러 해안가로 갔다. '나'는 해안가 별장에서 막심을 발견했다. 그는 오랫동안 방

치되었던 해안가 별장의 소파에 앉아 있었다. 그는 놀라운 비밀을 이 야기해 주었다.

레베카와 막심은 사이가 좋지 않았고, 레베카는 갈수록 방탕한 생활을 했다고 했다. 마지막 날 그들은 이 해안가 별장에서 심한 말다툼을 했는데 막심이 그녀를 한 대 쳤고 그녀는 비웃으며 걸어가더니 스스로 넘어져 둔탁한 곳에 머리를 부딪쳐서 사망했다. 막심은 당황하여 레베카의 시신을 그녀의 보트에 태워 해수 코크를 열어 배가 침몰하도록 하여 바다로 띄웠다고 고백했다.

'나'는 그가 레베카를 너무 사랑하여 괴로워했던 것이 아님을 알았다. 막심은 자신이 이기적인 선택을 했다며 자신을 떠나도 된다고 했지만 '나'는 그를 너무 사랑했기에 그와 함께하기로 했다. 경찰이 왔고 수사는 다시 시작되었다. 막심을 향한 수사의 망은 점점 좁혀지고 있었다. 그런데 그때 새로운 비밀이 밝혀졌다. 레베카가 며칠씩 집을 비우고 런던에 있었던 적이 있었는데, 그 과정을 살피다가 그녀가 다니던 병원을 알게 되었다. 그녀는 말기 암 환자였다. 그녀는 아무에게도 그 말을 하지 않은 채 주변의 사람들을 비웃듯 괴롭혔던 것이었다. 그런 상황에서 레베카는 자살한 것으로 결론을 지었다.

댄버스 부인은 레베카를 극진히 섬겼는데 레베카가 암 환자였다는 것을 자신이 몰랐다는 사실에서 큰 놀라움으로 좌절한 것 같았다. 레베카가 사라진 저택에서도 마치 레베카의 유령과 함께 사는 것처럼, 살아 있을 때와 똑같이 저택을 관리하며 그녀를 섬겼는데, 댄버스 부인은 스스로 참을 수가 없었는지 모두가 자는 밤에 맨덜리 저택에 불을 질렀다. 저택에 있던 사람들이 모두 밖으로 대피했지만 댄버스 부인은 서편 레베카의 방에서 나오지 않았다.

＊＊＊

드라마틱한 영화입니다. 이 영화의 원작은 영국 작가 대프니 듀 모리에의 동명 소설이라고 하지요. 레베카를 더 알고 싶어서 소설을 읽어 보고 싶다는 생각마저 든답니다. 비밀을 지니고 막심과 결혼했다는 레베카. 그녀는 너무 아름다웠고, 막심도 처음에는 푹 빠져 결혼했다고 합니다. 그러나 결혼하자마자 그녀의 고백을 듣고 막심은 가문의 명예를 지키기 위해 결혼 생활을 유지했다고 하지요. 그 후 레베카는 방탕한 생활을 하며 막심을 괴롭혔다니, 그녀의 심리 상태가 소설 속에 더 잘 나타나 있을 것 같습니다. 막심은 레베카가 죽은 후에도 그녀의 악령과 싸우고 있는 듯하다는 이야기를 하곤 했거든요.

댄버스 부인의 심리 상태도 병적인데요. 강박적인 성격의 소유자인 것 같습니다, 그래서 자신이 섬기는 주인을 하늘처럼 모실 수 있었던 것이고 지체 높은 주인의 삶 속에서 자신의 자아를 완벽하게 수행했을 것 같습니다. 레베카가 사라진 후에도 댄버스 부인은 레베카와 함께 만든 자신의 삶 속에서 빠져나올 수 없었지요. 유령이라도 마치 자신과 함께 살고 있는 듯한 느낌으로 지내다가, 갑자기 맨덜리 저택에 '나'가 나타났으니, 댄버스 부인에게는 '나'가 얼마나 큰 훼방꾼으로 느껴졌을까요?

게다가 레베카가 병원에 다니는 것을 알았으면서도, 정작 레베카가 암에 걸렸다는 사실을 몰랐다는 건 댄버스 부인에게 삶이 무너지는 충격이었을지도 모릅니다. 그동안 레베카와 함께 충실히 다져 온 관계에 마치 큰 균열이 온 것이나 마찬가지였죠. 댄버스 부인이 저택에 불을 지른 행위는, 모든 것을 지워 버리고자 한 선택이 아니었을까요? 자신의 광기마저도 그 화염 속에 태워 버리려 한 그녀의 발버둥이었던 듯합니다.

배우들의 미스터리한 표정 연기가 압권이었던 스릴러, 「레베카」는 매우 흥미 있는 영화였습니다.

20191223

욕망에 스러져 가는 인간의 비극,
「분홍신」

연도: 1948년 | 국가: 영국 | 감독: 마이클 포웰, 에머릭 프레스버거

주연 배우: 모이라 시어러, 안톤 월브룩, 마리우스 고어링

원제: The Red Shoes

원작: 한스 크리스티안 안데르센, 『빨간 구두』

동화를 모티브로 했지만 영화 「분홍신」은 동화적이지 않아요. 그렇지만 동화 같은 환상이 머릿속에서 계속 따라다닙니다. 사람들은 인생의 어느 지점에서 한 번쯤은 마법의 빨간 구두를 신게 되는 것 같습니다. 그리고 질주를 하게 되지요. 그 질주는 마법이 끝날 때 멈출 수 있겠죠? 마법이 진행되는 동안 사람들은 '내가 왜 이러지? 멈출 수가 없어'라고 생각하면서 계속 달립니다.

＊＊＊

　레먼토프 발레단은 너무 유명해서 대중의 관심과 사랑을 많이 받았다. 줄리안은 작곡을 하는 음악도였는데 레먼토프 발레단의 발레를 관람하러 갔다가 자신이 작곡한 곡이 연주되는 것을 듣고 놀랐다. 그는 자신의 교수가 자신의 곡을 표절했다고 단정 짓고 단장을 찾아가 따지려 했다. 단장은 그 사실은 잊으라고 했다. 그리고 그의 재능을 인정하면서 자신의 발레단에 새로운 오케스트라 코치가 필요하다고 취직을 권했다.

　백작 부인의 조카 비키는 발레를 좋아한다. 그녀의 인생 목표는 'to dance'라고 한다. 그녀는 백작 부인의 파티장에서 의도적으로 레먼토프 단장에게 접근하여 안면을 튼다. 그리고 단장의 추천으로 발레단에 들어가게 된다. 레먼토프 단장은 매우 열정적이며 천재적이고 카리스마가 넘치는 사람이다. 작품들은 그의 손길이 닿으면 대작이 되었다. 비키는 단장의 눈에 띄어 단숨에 주역을 맡게 된다. 마침 발레단의 프리마돈나인 이리나가 결혼을 하게 되어 발레단을 나가게 되었다. 레먼토프 단장은 단원들의 사생활을 인정하지 않았다. 특히 주역을 맡은 단원의 경우 더욱 그러했다.

　단장은 새 작품을 구상했다. 안데르센의 『빨간 구두』를 발레 작품으로 재구성하기로 한 것이다. 줄리안은 음악을 작곡하고 비키는 그 음악에 맞추어 발레를 한다. 단장은 그들의 재능을 사랑하게 되었고,

　　　　　　　　　　　　　　　　로사의 고전 영화 산책

그의 천재적인 지휘 아래 그들은 빠른 속도로 발레단의 중심인물이 되었다. 빨간 구두는 대단한 작품이 되어 대성공을 이루었다. 이 부분이 이 영화의 절정인 것 같다. 16~17분 정도 발레를 영상으로 보여 주는데, 영화를 보고 있는 것이 아니라 발레 공연을 보고 있는 듯한 착각이 들 정도였다. 일반 발레 공연에서 볼 수 없는 환상적인 무대와 안무로 관람객의 정신을 빼앗아가 버린다. 영화였기에 가능한 연출이라 생각한다. 아카데미 미술상과 음악상을 받은 작품이라는데 정말이지 그럴 만했다.

그 후로 레먼토프 발레단의 프리마돈나는 비키로 확정된 듯했다. 단장은 비키에게 모든 것을 새롭게 창조하고 싶다고 하며, 그 중심에 비키가 있을 것이라고 말한다. 그녀는 모든 작품의 주연을 맡았고 단장은 그녀를 세계 최고의 발레리나로 만들어 주겠다고 약속한다. 그런데 비키와 줄리안은 서로 사랑에 빠지게 되었다. 그들이 달빛 은은한 지중해 연안에서 느린 마차를 타고 꿀같이 달콤한 여행을 즐기고 있을 때, 그것을 알게 된 단장은 심한 분노와 배신감을 함께 느꼈다.

단장은 격분한 상태로 줄리안을 해고했다. 줄리안의 해고 소식을 들은 비키는 발레단을 떠나겠다고 했다. 세계 최고의 자리가 눈앞에 놓여 있는데 그것을 포기하려 하냐고 다그치듯 단장이 말했지만, 비키는 단장의 말을 뒤로하고 자신의 사랑을 따라갔다. 단장은 비키 이전의 프리마돈나였던 이리나를 발레단으로 불러서 비키의 자리를 채웠다. 그러나 마음속으로는 비키를 그리워하고 있었다. 한편 비키도 그녀의 모든 것이었던 발레를 잊을 수가 없었다.

우연한 기회에 단장과 비키는 다시 만나게 된다. 단장은 비키가 떠난 후 한 번도 공연한 적이 없는 「빨간 구두」를 다시 공연하자고 한다. 비키는 그렇게 하기로 했다. 뒤늦게 그 사실을 알고 달려온 줄리안과 「빨간 구두」를 공연하자는 단장 사이에서 비키는 심한 갈등에 빠진다. 공연이 시작되기 직전, 비키의 발을 담은 빨간 구두는 마구 달려가는데….

＊＊＊

영화를 보시면 끝을 알게 됩니다. 신선한 충격이었지요. 영상이 아름답고 주인공 배우들이 낯설어서 더 매력적이었답니다. 이 영화를 보면 발레 공연이 기획되고 완성되어 가는 과정들을 대략적으로 알게 되고, 공연이 이루어지기 직전에 배우들이 어떤 상태인지도 잘 알수 있습니다. 그 점도 이 영화의 매력 중 하나지요.

안데르센 동화에는 구두가 많이 등장합니다. 그 이유는 안데르센의 아버지가 가난한 구두 수선공이었기 때문이란 말이 있는데요. 『빨간 구두』의 주인공이 카렌이라는 어린 소녀이기에 동화책이 되었지만, 그 내용을 보면 동화라기에는 매우 잔혹합니다. 동화라면 보통 아이들에게 꿈을 주는 것인데, 잘못에 대한 가혹한 형벌을 보여 주기에 꿈을 키우기보다는 겁에 질릴 것 같네요. 오히려 욕망을 뒤쫓는 어른

 　　　　　　　　　　　　　　　로사의 고전 영화 산책

들의 이야기 속에 대입하면 더욱 좋을 것 같은 소재입니다. 이 영화도 마찬가지입니다.

비키에게 마법을 걸고 있는 레먼토프. 비키의 욕망을 알고 그녀에게 빨간 구두를 신게 한 레먼토프 단장은 동화 속 마법의 구두장이 현현입니다. 그는 그녀의 욕망을 부추기고 쉼 없이 춤을 추라고 합니다. 그녀도 그것을 거절하지 못합니다. 그 속에는 그녀의 욕망이 들어 있기 때문이겠지요. 이 영화 속에서 가장 집념이 강한 사람은 레먼토프 단장입니다. 그는 성공적인 발레 작품을 위해 질주하며 주변의 사람들까지 광풍으로 끌어들입니다. 그가 신은 신발 무슨 색이었을까요?

　　그래도 인간적으로 표현된 줄리안은 비키의 춤에서 영감을 얻는다
고 말했습니다. 레먼토프 단장의 마술에 걸려들기도 하지만 자력으
로 빠져나오기도 합니다. 사랑했던 비키를 멈추게 하지 못한 것이 그
의 후회로 남겨지겠지요. 왜 'The Red Shoes', 빨간 구두라는 원작의
영화 제목을 '분홍신'으로 바꾸었을까요? 영화의 정서상 빨간 구두가
분홍신보다 더 잘 어울린다고 생각합니다. 욕망과 집념의 광풍 속에
서 지쳐 꺼져 가는 조그만 촛불을 보는 듯 나약한 인간의 모습을 볼
수 있는 영화였습니다.

20180521

삶의 가치관을 되돌아보게 하는,
「에덴의 동쪽」

연도: 1955년 | 국가: 미국 | 감독: 엘리아 카잔

주연 배우: 줄리 해리스, 제임스 딘, 레이먼드 매시

원제: East of Eden | 원작: 존 스타인벡, 『에덴의 동쪽』

수상: 제13회 골든글로브 시상식 작품상,

제28회 아카데미 시상식 여우조연상, 제8회 칸 영화제 작품상

아담과 이브의 두 아들 '카인과 아벨'의 이야기를 모르는 사람은 드물 것 같습니다. 기독교 신자가 아니더라도 학창시절 어느 시점에서 여러 번 들어 본 이야기니까요. 성경 속 카인과 아벨의 이야기를 소재로 쓴 존 스타인벡의 소설 『에덴의 동쪽』이 이 영화의 원작입니다. 성서에서 죄를 지은 카인이 쫓겨난 곳이 에덴의 동쪽 지역이라고 하고, 인간은 카인의 후예라고 하니 착잡하지요? 어릴 때부터 듣던 이야기라서 그렇게 심각하게 생각해 본 적이 없다는 사실도 새삼 놀랍지 않

습니다.

이 영화는 1955년도에 제작되었습니다. 영화관에서도 상영했을 테고, EBS 방송에서도 방영되었던 것이라서, 제가 이미 본 영화인 줄 알았어요. 왜냐하면, 대충 줄거리도 알고 있었고 제임스 딘의 반항적인 눈빛도 생각이 났는데, 막상 영화를 보니 처음 보는 영화였기 때문입니다.

대충 줄거리를 살펴보겠습니다. 큰아들 아론과 여자 친구 에이브라, 그리고 작은아들 칼의 미묘한 애정의 삼각관계를 풀어 놓으면 나름대로 재미는 있겠지만, 산만해져서 그 이야기는 접겠습니다.

＊＊＊

살리나스는 캘리포니아의 평화로운 농촌이고, 몬터레이는 살리나스 옆에 있는 항구 도시다. 아담과 두 아들은 살리나스에서 농사를 지으며 살고 있었다. 아버지 아담은 큰 농장을 경영하고 있다. 아담은 아론과 칼이라는 두 아들을 두었다. 큰아들 아론은 매사 올바르게 생각하고 행실을 바로 해서 아버지의 총애를 듬뿍 받는다. 반면에 동생 칼은 아버지 아담의 마음에 드는 구석이 없었다. 그래서 칼은 더욱 반항아가 되어 갔다.

아담은 아이들이 어릴 적부터 두 아들에게 엄마는 하늘나라에 계시다고 설명해 주었다. 그래서 두 아들은 엄마가 아름다운 천사일 것이

  로사의 고전 영화 산책

라고 상상하며 자랐다. 아버지 아담은 스스로 자신은 올바르고 양심적인 농사꾼이라고 생각하며 살아가고 있는 듯했고, 마을에서도 어느 정도 신뢰와 지위도 지니고 있었다.

아버지 아담은 칼이 잘못을 했다는 생각이 들면 데려다가 성경을 읽히는 벌을 주고 스스로 반성할 기회를 주었다. 그러나 칼은 반성하지 않는다. 칼은 나름 잘하려는 생각이 있었는데, 아버지가 자신에게 잘못을 묻는 건 단지 아버지의 마음에 들지 못했기 때문이라 생각했던 이유에서였다. 영화를 보는 삼자의 입장에서도 안타까웠다. 칼은 아버지의 사랑을 얻기 위해 진심 어린 행동을 하지만, 아버지의 눈에는 그것이 보이지 않았다. 아버지 아담은 칼을 대할 때 죄악의 필터를 렌즈에 대고 보고 있었기 때문이다. 큰아들 아론을 바라볼 때는 선한 필터를 끼고 바라보고 있었다. 그래서 대충 상황에 맞게 대처하는 큰아들을 대폭 신뢰하고, 아버지의 인정을 받기 위해 노력하는 칼은 내치기만 한다.

영화의 첫 장면은 칼이 낯선 몬터레이에서 어떤 여인을 뒤쫓는 장면으로 시작한다. 몬터레이가 에덴의 동쪽을 상징하고 있는 것도 같다. 도시가 새로 개발되는 와중에 어수선한 분위기와 떠도는 사람들이 있었고 돈, 술, 흥청이는 모습을 보여 준다. 그 여인은 술집을 경영하는데, 재산을 꽤 모았다. 그녀는 칼의 등장을 이상하게 생각하며 경계한다. 하지만 칼의 집요한 접근으로 둘은 드디어 만나게 된다.

칼은 그녀가 자신의 어머니인 것을 확인한다. 어머니도 간신히 모

자 관계를 인정하지만 표면적으로 칼을 반기지 않았다. 어머니는 아론과 칼이 어릴 때 아버지와 다투고 집을 뛰쳐나왔고, 당시 다툼의 과정에서 아버지에게 총상을 입혔다고 설명한다. 어머니는 아버지의 간섭을 참을 수 없었다고 회상한다. 아버지는 신앙을 앞세우며 어머니의 행동을 질책했고 어머니를 소유하려 했다고 말한다.

아버지 아담은 어릴 때부터 칼이 어머니의 성격을 닮았다고 생각해 왔고, 그래서 훈육이란 명목으로 칼을 숨 막히게 했을 것 같다. 그렇게 두 아들은 아버지의 그릇된 편견 속에서 그릇된 자아를 형성하며 살게 되었다. 아론은 자신이 칼보다 우수해서 항상 칭찬을 받는 줄 알았고, 칼은 자신이 부족해서 아버지의 책망을 받고 있다고 생각했을 것이다. 그래서 칼은 아버지의 사랑을 얻으려고 더 노력하는 모습을 보였다. 그러나 아버지의 판단은 언제나 같은 방향이었다. 칼의 잘못을 과장시키기 일쑤였다. 어릴 때는 자아가 약하니 그대로 받아들였겠지만, 성장하면서 무엇인가 잘못되었다는 것을 느끼고 있었을 것이다. 어머니의 비밀을 발견하고, 칼은 자신의 불행한 인생이 아버지

로사의 고전 영화 산책

의 편견에서 비롯되었다는 것을 알게 된다.

그럼에도 칼은 아버지 생신날을 맞이하여 정성을 다해 파티를 준비했고 머리를 굴려 번 돈을 경제적 어려움을 겪는 아버지에게 드렸다. 하지만 아무런 준비를 하지 않고 립서비스만 하는 아론을 칭찬하는 아버지에게 감정적으로 폭발하고 만다. 칼은 콩을 매점매석해 얻은 수익을 아버지에게 드렸는데 오히려 꾸지람을 들었다. 그리고 복수의 마음으로 형 아론을 데리고 어머니가 경영하는 몬터레이 술집으로 간다. 형 아론은 천사의 이미지로 남아 있던 어머니의 실체를 알고 큰 좌절감에 빠져 군대에 자원했고, 이후 전쟁터로 가게 된다.

아내에 대한 복수심으로 두 아들을 조작된 생각 속에 가두고 훈육한 아버지 아담은 큰 충격으로 쓰러진다. 그대로 끝났다면 인간적으로 매우 안타까운 결말이 되었겠지만, 다행히도 뇌졸중에 빠진 아버지 아담은 칼에게 자신을 간호해 달라고 부탁했고, 칼은 눈물을 흘리며 그렇게 하겠다고 답한다.

＊＊＊

성경 이야기 '카인과 아벨'을 떠나서 영화를 생각해 보고 싶습니다. 우리는 모두 불완전한 인간이니까요. 아버지 아담도 아내에 대한 인간적인 복수심을 인식하고 그렇게 행동했다고 생각되지는 않습니다. 그는 기독교적 신앙심으로 똘똘 뭉쳐진 사람으로 영화 속에 표현되었죠. 그러나 그의 무의식 속에 자신의 인생에 큰 흠집을 낸 아내에 대한 깊은 회한[悔恨]이 자리 잡고 있었던 것 같습니다. 그는 그것을 다르게 포장하여 분출하고 있었던 것이 아닐까요? 사람의 성장기에서 부모의 역할은 절대적이기에, 아이들에게 사려 깊은 행동이 절실하다는 생각을 했습니다.

다른 관점으로 분석해 보면, 과거와 현대의 가치관이 많이 달라진 지금은, 오히려 사회성 있고 재치 있고 수완 있는 칼과 그의 어머니는 보수적이고 융통성이 없게 표현된 아론과 그의 아버지에 비해 현대 사회에서 더 인정받을 것도 같지요? 고민해 볼 만한 지점인 것 같습니다. 인생에서 올바른 가치관이 얼마나 중요한지 다시 한번 생각해 보게 되는 영화였습니다.

20181008

 로사의 고전 영화 산책

폐쇄적인 세계에서 드러나는 약자의 서사,
「홍등」

연도: 1991년 | 국가: 중국 | 감독: 장예모 | 주연 배우: 공리

원제: 大红灯笼高高挂

수상: 제64회 아카데미 외국어영화상 후보작

영화 「홍등」의 주인공 송련은 19세 나이로 진 어른이라는 사내에게 부잣집으로 팔려가듯 시집을 갑니다. 가난 때문에 대학을 중퇴했지요. 그녀는 가마를 마다하고 눈물을 흘리며 걸어서 시집을 갑니다. 그녀가 도착한 집은 커다란 성과도 같은 집이었어요. 마치 구중궁궐이 연상되는 성과도 같은 집에는 이미 세 명의 부인이 있었고, 그녀들은 한 칸씩 자신의 집을 소유하고 있었지요. 문을 열고 들어가면 마당이 있고 양옆으로 하인들이 기거하는 별채가 있고 문과 마주 보는 방향으로 안채가 있습니다. 중국 전통주택인 사합원(四合院)의 구조입니다.

송련도 부인으로 한 채의 집을 배정받습니다. 하늘에서 이곳을 내려다보면 회색의 지붕들이 다닥다닥 붙어 있어서 숨이 막힐 듯합니다. 그녀들의 집은 서로 이웃이 되죠. 진 어른의 집에는 여러 가풍이 내려오는 데 그중 한 가지가 홍등 의식입니다. 진 어른이 그날 밤 취침을 할 처소를 지목하면 하인들은 그 부인의 집 홍등에 점화해요. 부인들의 처소 처마에는 홍등이 주렁주렁 달려 있어요. 방안에도 홍등에 불을 밝히고 붉은 풍선 같은 등은 공간으로 붉은빛을 토해 냅니다. 모든 것이 붉게 변해 버리죠. 그렇게 영화가 시작됩니다. 더 자세한 내용을 살펴볼까요?

＊＊＊

첫날밤을 잘 보내기 위해 송련은 발 마사지를 받는다. 그리고 다음 날 아침, 식단을 고를 수 있는 권한이 밤의 대가로 부여된다. 부인들은 모두 함께 아침 식사를 하기 때문에 전날 밤 선택된 부인은 다른 부인들의 부러움을 받게 된다. 그렇게 권력이 생기는 것이다. 자주 선택이 되는 부인은 집안에서 큰 힘을 갖게 되는 시스템이다.

그런 과정을 통해 처첩 간의 암투는 숨 막힐 듯 좁은 공간에 가득 차 있다. 송련도 그곳에서 우위를 점하려고 계략을 쓰다가 들통나고, 그로 인해 그녀의 홍등은 봉등을 당한다. 송련의 홍등 위에 검은 천이 드리워지고, 더 이상 불을 밝힐 수 없는 집으로 바뀌었다. 점등, 멸등, 봉등, 이것들이 그녀들을 장악한 세계다.

송련은 감옥과도 같은 공간에서 의미 없는 시간을 보내며 깊은 우울증에 빠진다. 그러던 중 온 세상이 하얀 눈으로 덮인 어느 날, 셋째 부인이 옥탑방에서 교살되는 장면을 목격한다. 그녀의 죄는 불륜. 송련은 탈출이 불가능한 집안에서 서서히 미쳐 간다. 그녀들은 진 어른의 부인이 아니었다. 사실 그 남자의 성적인 소모품일 뿐이다.

다섯 번째 부인이 시집을 오고, 죽은 셋째 부인의 방에 홍등이 켜진다. 그리고 셋째 부인의 노래가 흘러나온다. 하인들은 귀신이 왔다고 호들갑을 떤다. 송련이 그녀의 방 홍등에 점화를 하고, 가수였던 셋째 부인의 레코드를 틀어 놓았던 것이다.

＊＊＊

송련은 사방이 벽으로 둘러싸인 마당에서 빙글빙글 맴돌며 영화는 끝이 납니다. 그녀의 나이는 겨우 스물이고, 그녀의 집은 온통 회색이었지요. 「홍등」은 장예모 감독의 초기 작품 중 하나입니다. 절제되어 더 아름다운 빛의 예술을 볼 수 있지요. 화면으로 주는 메시지는 말이 필요 없는 듯합니다. 그가 캐스팅해서 키운 세계적인 여배우 공리의 섬세한 연기가 돋보였지요. 과거 중국 봉건적인 사회의 악습을 보여주는 영화로, 남성우월주의가 지배하는 세상에서의 여성의 아픔이 깊이 드러납니다. 중국이 좀 더 깊숙이 보이는 듯한 영화였습니다.

20170410

로사의 고전 영화 산책

사랑

언제나 흔들리는 프레임

베트남의 아름다움을 감각적으로 담은,
「그린 파파야 향기」

연도: 1993년 | 국가: 프랑스, 베트남 | 감독: 트란 안 홍
주연 배우: 트란 누 옌 케, 만시루, 티 록 쯔엉, 호아 호이 브엉
원제: The Scent of Green Papaya
수상: 제46회 칸영화제 황금카메라상

1993년에 개봉한 프랑스 베트남 영화입니다. 감독 트란 안 홍은 베트남 사람이지만 프랑스에서 활동한 영화감독이라고 하지요. 영화의 분위기가 굉장히 묘합니다. 수동적으로 진행되고 있는 듯, 주인공을 중심으로 영화가 진행되지만 마치 모든 것이 삼자의 시각으로 바라보고 있는 듯한 느낌을 줍니다. 주인공들이 보이지 않는 곳에 숨어 은밀히 안을 바라보고 있는 것 같은 시선이랄까요?

＊＊＊

　　꼬마 무이는 정말 예뻤다. 그녀의 맑은 눈빛은 보는 사람의 마음을 정화시키는 것 같았다. 1951년 전쟁 직후, 사이렌 소리가 익숙한 어수선하고 가난한 베트남 사이공을 무대로 영화가 펼쳐진다. 10살 정도 돼 보이는 꼬마 무이는 온몸을 짐 보따리로 두른 채 거리를 헤매고 있다. 어린 소녀의 눈에 세상은 그저 신기할 뿐이었다. 길거리에 누워 잠을 자는 아저씨를 호기심에 살짝 만져 보기도 한다. 사실 그 나이면 부모님 보호 아래 마음껏 재롱 피우며 사랑을 받고 있어야 하지만, 아버지가 돌아가시고 집안이 궁핍해져서 무이는 부잣집 몸종으로 팔려가고 있는 것이었다.

부잣집에는 무이가 도와야 할 아주머니 몸종이 있었고, 무이는 그녀에게서 요리를 비롯해 여러 가지 일을 배우며 잡일을 했다. 그 집 주인어른은 악기를 튕기며 무위도식하는 한량이고, 주인 마나님은 인자한 성품에 집안의 경제를 책임지고 있는 정숙한 부인이었다. 그들에게는 아들 삼형제가 있었는데, 큰아들은 이 영화 속에서 무게감 없이 출연한다. 둘째 아들은 우울해 보이지만 그나마 어머니의 마음을 헤아리는 듯하다. 막내아들은 개구쟁이로 무이를 심술 맞게 괴롭히는 존재다.

노모가 출연하는데, 그녀는 손녀가 죽은 후 7년 동안이나 마당에도 내려오지 않고 2층에 신당을 만들어 기도로 세월을 보내고 있었다. 그 집안의 가장 큰 문제는 무위도식하는 주인어른에게 있었다. 그는 그동안 세 번 가출했고 마지막 가출했을 때 그의 고명딸이 병에 걸려 죽자 후회한 후 집을 나가지 않고 있다고 했다.

그러나 살아 있었다면 자신의 딸과 비슷한 나이의 무이가 집으로 온 후, 어느 날 그는 집안의 돈과 패물을 모두 챙겨 다시 가출했다. 그러자 노모는 며느리에게 남편을 즐겁게 해 주지 못하니 집에 정을 못 붙이고 가출을 하는 것이 아니냐고 나무랐다. 쌀 살 돈도 없이 궁핍해졌고 주인 마나님은 다시 일해서 집안을 일으킨다. 주인 마나님은 죽은 자신의 딸을 생각하며 무이를 잘 보살핀다. 무이는 집안일이 쉽지 않았지만 마나님의 은은한 사랑의 힘으로 주눅 들지 않고 힘든 일들을 잘할 수 있었다.

　10년이 지난 어느 날, 큰아들 내외는 결정한다. 그들의 가세가 많이 기울어 하인을 거느리기 힘들어져 무이를 집에서 내보내기로 한다. 남편이 죽은 후 주인 마나님은 2층에서 기거하고 있었다. 무이가 떠나는 날 주인 마나님은 무이를 데려다가 자신의 딸에게 주려고 장만했다는 옷과 약간의 장신구를 준다. 그리고 큰아들 친구인 쿠엔의 집으로 가면 이곳보다 더 나은 대우를 받을 것이라고 말하며 슬피 울었다. 무이가 이 집에 온 지 얼마 안 되었을 때 어린 무이는 집에 놀러 온 쿠엔에게 반한 적이 있었다.

　무이는 음악가인 쿠엔에게 방해가 되지 않도록 노력하면서 그의 모든 생활을 돕는다. 쿠엔에게는 베트남 신여성 약혼자가 있었다. 무이는 약혼녀의 의상이나 화장술을 눈여겨보았다가 어느 날 주인 마나님이 준 옷과 장신구를 하고 립스틱을 바르며 스스로 도취했다. 그때 쿠엔이 집으로 돌아와 그 모습을 본다. 쿠엔은 그녀를 향한 감정의 실체를 강하게 감지하며 그녀의 방으로 간다. 직접적인 표현은 없었지만 쿠엔의 서랍장에 무이의 얼굴 스케치가 있는 것으로 보아 쿠엔도 무이에게 끌리고 있었던 것이 분명했다. 쿠엔의 약혼녀가 찾아왔을 때 쿠엔은 피아노 연주로 약혼녀에 대한 감정이 식었음을 표현했다. 약혼녀는 심하게 좌절하고 쿠엔을 떠난다. 무이에게는 해피엔딩이었다.

　쿠엔은 무이에게 글을 가르쳐 주고, 무이는 쿠엔의 아기를 가진 배를 쓰다듬으며 행복의 단어들을 내뱉었다.

＊＊＊

이 영화는 무이의 성장 스토리로 보아도 지나치지 않을 것 같고, 더불어 세상의 변화와 함께 삶을 겪어 내야만 했던 베트남 사람들의 숙명적인 모습을 그렸다는 생각도 듭니다. 신데렐라 스토리가 생각나네요. 무이는 신분이 낮았으나 어려운 환경에서 순종하며 잘 살아냈고, 결국 왕자님을 만나 행복해졌습니다. 다소 뻔한 스토리라 그 자체로는 여운이 남지 않지요. 그러나 영화가 쉽게 머릿속에서 떠나지 않는 이유는 뛰어난 영상미와 감독이 말하려는 베트남이 호기심을 끌기 때문인 것 같습니다.

이 영화는 칸영화제에서 황금 카메라상을 받았습니다. 그만큼 영상이 아름답지요. 그늘진 실내에서 직사각형의 창을 통해 조금 더 밝은 바깥세상을 바라보는 장면은 이중 프레임 구조로써 마치 영상 속에서 또 다른 멋진 그림을 감상하고 있는 듯한 느낌을 줍니다. 더욱이 오래된 나무가 주는 앤티크한 분위기는 그대로 타임머신을 타고 시간을 거슬러 여행을 하는 듯하지요. 독특한 베트남식 가옥 구조를 보는 즐거움도 있고, 베트남 여인들이 손을 씻고 세수를 하는 모습을 보며 베트남만의 생소한 문화를 엿볼 수 있었습니다.

녹색의 싱그런 나뭇잎과 풀에 맺힌 영롱한 물방울 같은 그런 신선함이 느껴집니다. 양서류들의 움직임을 포착한 접사 영상은 그곳이 더운 지방임을 실감 나게 해 주었고 그런 작은 생물체들과 함께 살아가야 하는 과거 베트남식 가옥의 구조도 현대를 살아가는 사람들에게는 이색적이죠. 그 모습들은 오래전에 사람들이 살던 평범한 모습이지만, 요즘은 그런 곳을 찾아 여행도 다니고 있으니 세월의 흐름이 느껴집니다. 지글거리는 기름 소리, 맑은 물방울 같은 소리, 화면 가득 울리는 풀벌레 울음소리, 우레 같은 빗소리, 아름다운 피아노 소리, 베트남 민족의 애환을 느끼게 하는 민속 선율 등에서 청각적인 감동도 함께 선사합니다.

덜 익은 그린 파파야를 채 썰 때 마치 오이와도 같은 향이 느껴졌어요. 버려야 할 파파야 몸통을 정성스럽게 갈라 씨앗을 바라보는 모습에서 무이의 여성성이 느껴집니다. 그녀가 고운 손가락으로 파파야 씨앗을 하나 꺼내 쿠엔에게 줄 요리에 한 알 띄우는 모습에서 생명의 잉태를 직감하기도 했습니다. 이 영화는 매우 감각적인 방법으로 베트남을 소개했다고 생각합니다. 사람들의 마음속에 베트남을 섬세하고 아름답게 남긴 이 영화로, 감독의 의도는 크게 성공을 거둔 게 아닐까요?

20181107

나를 나답게 하는 기억에 관하여,
「마음의 행로」

연도: 1942년 | 국가: 미국 | 감독: 머빈 르로이

주연 배우: 로널드 콜먼, 그리어 가슨

원제: Random Harvest | 원작: 제임스 힐턴,『랜덤 하베스트』

우리의 기억은 과연 정확할까요? 어쩌면 우리는 매일 조금씩 기억 상실에 빠지고 있는 것은 아닐까요? 이 영화를 보며 기억이라는 것을 새삼 다시 생각해 봅니다. 찰스는 스미스가 되었고, 다시 찰스가 되었 다가 다시 스미스를 찾습니다. 그는 자신 생각대로 살고 있었는데 누 군가는 그가 모르는 그의 생활을 알고 있었지요. 어쩐지 좀 두려운 생 각도 듭니다. 혹시 그런 상황에 자신이 처해 있는 것은 아닌지? 왜 그 런 것 있잖아요, 내가 모르는 나!

***

멜브리지 병원은 제1차 세계대전 후 정신적인 문제가 있는 환자들을 수용한 병원이다. 스미스라는 남자는 전쟁 중 기억 상실에 걸려서 수용되어 있었는데, 그는 실어 증세도 함께 보였다. 안개가 자욱하게 긴 바람까지 불던 저녁, 그는 제복 외투를 입고 병원 내 정원을 산책 중이었다. 갑자기 환호성과 함께 경비실에 있던 사람들이 밖으로 뛰쳐나갔다. 그는 천천히 걸어서 쉽게 병원 밖으로 나갈 수 있었다. 때는 1918년, 제1차 세계대전이 끝났다는 걸 알고 사람들은 흥분에 휩싸여 있었다. 거리에서는 많은 사람이 모여 환호성을 질렀다.

그 상황에 쉽게 적응할 수 없었던 스미스는 근처 상점 문은 열고 들어갔다. 상점 주인은 말을 잘하지 못하는 그를 보고 단번에 정신병원을 탈출한 환자임을 알아차리고 신고하기 위해 안으로 들어갔다. 그때 한 여인이 그에게 다가와 도망가라고 말해준다. 그는 그 여인이 하라는 대로 상점을 벗어나 인파 속으로 들어갔다. 그리고 여기저기 헤매며 방황하던 그는 다시 그녀를 만났다. 그녀는 그가 못 미더워서 뒤를 따랐던 것 같다. 그녀는 극장에서 일하는 가수였고 이름은 폴라. 그녀의 도움으로 스미스는 잠시 쉴 곳을 찾았다. 그리고 극단장의 허락을 받아 일자리를 얻었고, 그녀와 함께 공연을 위해 다른 지역으로 떠나기로 했다. 출발하려는 전날 밤 공연장이 있는 술집으로 경찰이 왔다.

경찰은 정신병원에서 탈출한 사람을 찾는다며 인상착의를 설명한

로사의 고전 영화 산책

다. 그녀는 다른 사람 몰래 그를 데리고 도망치려 했다. 마침 그 소식을 듣고 온 단장을 스미스가 밀치는 바람에 단장은 쓰러져 일어나지 못했다. 죽었을 수도 있겠다는 생각과 함께 그들은 그대로 기차를 타고 도망을 쳤다.

그렇게 데본이라는 한적한 시골 마을에 정착한 후 그녀는 자신이 머물던 하숙집 주인에게 단장의 소식을 물었다. 다행히도 단장은 머리에 혹이 하나 생겼고 괜찮다는 이야기를 들은 후 그들은 안심했다. 스미스는 글을 쓰고 폴라는 타이핑을 해서 그의 글을 잡지사로 보냈다. 첫 번째 원고료가 온 날 스미스는 폴라에게 청혼을 했다. 그들은 결혼하고 아들을 하나 얻어 행복한 생활을 하고 있었다.

그러던 어느 날 잡지사에서 편지가 왔다. 스미스와 함께 일하고 싶으니 리버풀에 있는 잡지사로 와서 면접을 보라는 것이었다. 아직도 정신적으로 독립을 하지 못한 스미스는 걱정이 되었지만, 폴라의 친절한 설명을 듣고 다녀오기로 했다. 그는 여행 가방을 챙겨서 기차를 타고 폴라가 알려 준 호텔로 향했다.

리버풀에 도착한 스미스는 폴라가 알려 준 그레이트 노던 호텔에 짐을 풀고 거리를 나서 리버풀 잡지사로 향했다. 잠시 후 자동차와 마차들이 연이어 충돌이 일어났고 그곳으로 사람들이 몰려갔다. 그곳에 한 남자, 스미스가 쓰러져 있었다. 잠시 후 정신을 차린 그 남자는 자신이 왜 리버풀에 있는지 자신의 옷차림이 왜 군복이 아닌지 의아해했다. 그는 경찰에게 자신의 이름은 찰스라고 하며 주소를 알려 주고 떠났다. 그의 주머니에는 약간의 돈과 주소를 알 수 없는 열쇠가 한 개 있었다.

찰스는 자신의 집에 도착했다. 집사에게 자신의 이름을 말하고 식구들에게 전해 주기를 당부했다. 그가 집에 도착한 날은 찰스의 아버지 장례식이 있었던 날이었다. 찰스는 3년간 집에 소식을 전하지 않았었다. 가족들은 그의 귀환을 놀람 반 기쁨 반으로 받아들였다. 그의 아버지는 부자였고 그는 유언에 따라 많은 재산을 물려받았다.

찰스는 잃어버린 3년의 기억을 가슴에 지닌 채로 새로운 생활을 시작했다. 찰스는 자신을 좋아하는 젊은 아가씨와 데이트를 했는데, 그 아가씨는 찰스가 자신에게 집중하지 못하는 모습을 여러 번 보이자 이별을 선언했다. 그녀는 찰스가 자신을 보며 다른 것을 생각하고 있다고 했다. 찰스는 잃어버린 과거 3년을 찾고 싶어 했다. 그는 자신이 지닌, 주소를 모르는 열쇠를 보며 찾지 못한 무엇인가를 찾으려고 기억을 더듬고 있었다. 찰스는 폴라를 알아보지 못했다. 그의 회사에 새로운 비서가 왔다. 그녀는 7년 전에 결혼했었고 아들 한 명이 있었는데 죽었다고 말했다. 여러 가지 일을 하고 살았고 최근 어느 회사 비서 일을 하다가 이곳으로 오게 되었다고 설명했다. 찰스는 그녀를 처음 보았을 때 마음에 들어 그녀를 고용했다. 그리고 모든 것을 그녀 마가렛과 의논하며 결정해 나갔다.

그는 그녀에게 두 번째로 청혼한 것이지만, 그는 그 사실을 모르고 있었다. 그리고 찰스가 정계에 진출하는 데 그녀는 현명한 비서로서

　　　　　　　　　　　　　　　　로사의 고전 영화 산책

많은 도움을 주었다. 찰스는 정계에 성공적으로 진출했을 때 그녀에게 청혼한다. 사랑해서라기보다 서로에게 필요한 존재라고 생각했고, 그가 더욱 그녀를 필요로 하니 결혼하자고 했다. 그녀는 승낙했다. 그들은 함께 모든 일을 잘 처리해 나갔고 주변의 부러움을 받았다.

찰스가 그녀에게 여왕이 걸었던 값비싼 목걸이를 선물했을 때, 그녀는 보석함 바닥에 있던 싸구려 구슬 목걸이를 꺼내 들고 눈물짓는다. 그것은 그녀의 첫 남편 스미스가 그녀의 눈동자와 같은 색이라며 사 준 목걸이였다. 그녀는 찰스에게 말했다. 당신은 잃어버린 3년 속에 있던 귀중한 사람을 이미 만났을지도 모른다고. 그전에도 그녀는 아무런 낌새를 눈치 채지 못하는 찰스에게 잃어버린 기억 속의 파편들을 보여 주었지만 찰스는 반응이 없었다.

그녀는 답답하고 안타까운 마음을 털어내려고 찰스에게 남미로 잠시 여행을 다녀오겠다고 했다. 그녀가 없으면 의지할 곳이 없다면 가지 않기를 바라는 찰스를 뿌리치며 그녀는 떠났다. 그녀는 남미로 가기 전 2일간 데본이라는 곳에 방문해야겠다고 찰스에게 말했다. 그때 마침 찰스가 경영하는 자회사 멜브리지 케이블 컴퍼니에서 파업이 일어났다, 찰스는 그 일을 수습하기 위해 그곳으로 갔다.

그 일을 잘 해결한 찰스는 마치 전에 그 도시에 와 본 적이 있는 것처럼 행동했다. 여행을 함께 한 사람이 이곳에 와 본 적이 있느냐는 질문에 찰스는 스스로 놀라며 기억을 찾으려 했다. 담배 가게, 술집, 어두운 거리. 그리고 자신이 수용되었던 정신병원까지 찾아냈다. 그리

고 안갯속에서 떠오르는 희미한 그녀의 모습까지도…. 그는 기억 속에서 지워졌던 그녀와 함께 살았던 집도 찾아냈다. 그리고 항상 지니고 있던 의문의 열쇠로 행복했던 그들의 집 현관을 열고 있을 때, 폴라도 그 집에 와 있었다. 폴라는 그녀의 사랑을 다시 찾았다.

[그들이 살던 그 집, 영화 속 장면이 컬러 영화였다면 무척 아름답게 보였을 것 같은 풍경입니다. 맑은 시냇물, 만개한 화사한 꽃나무와 푸른 낮은 언덕이 보이는 스위트 홈이네요.]

 로사의 고전 영화 산책

＊＊＊

폴라는 스미스를 처음 보았을 때부터 좋아해서 그를 도와주었습니다. 어쩌면 모성이 작용했을 수도 있겠고요. 스미스는 그렇게 도와주는 폴라를 믿게 되었어요. 폴라는 영화 속에서 생활력이 강하고 현명한 여인으로 나옵니다. 어떻게 생각하면 스미스는 행운아인데요? 찰스는 기억이 없었지만, 그의 가슴속에 들어앉은 스미스라는 사람의 감정 때문에 폴라를 만났을 때 처음부터 마음에 들어 했고 전적으로 의지하게 된 것 같습니다.

진실한 자신의 사랑을 찾아 긴 시간 인내하며 살아간 폴라의 아름다운 마음이 감동적인 영화였어요. 남자 주인공이 좀 젊은 배우였다면 영화가 더 로맨틱하게 느껴졌을 것 같습니다. 100년 전의 영국의 풍경도 볼 수 있었고, 서정적이면서도 내용이 꽉 찬, 쉽게 잊힐 것 같지 않은 좋은 영화였습니다.

20180326

아날로그 감성으로 사랑을 느끼게 하는 명화, 「모정」

연도: 1955년 | 국가: 미국 | 감독: 헨리 킹

주연 배우: 윌리엄 홀든, 제니퍼 존스

원제: Love Is a Many-Splendored Thing | 원작: 한수인, 『모정』

이 영화는 주말 특선 영화로 여러 번 TV에서 방영되었습니다. 어린 시절에 이 영화를 보고 여주인공의 슬픔이 전이되어 가슴 아파했던 기억이 있습니다. 이 이야기는 주인공 한수인이 쓴 자전적 이야기라고 합니다. 1949년 홍콩의 사회적 혼란을 보여 줍니다. 당시 중국이 공산화되는 과정에서 많은 사람들이 본토에서 홍콩으로 넘어오고 있었습니다. 피난민들의 고달픈 삶도 잠시 보여 주는데, 부모를 잃은 고아도 생기고, 가난해서 아이를 팔아 병을 고치려는 부모도 나옵니다.

주인공 한수인도 남편이 국민당 장교여서 공산당에게 총살을 당했고 수인은 미망인이 되어 홍콩으로 옵니다. 그녀는 의사였고 중국과 영국의 혼혈입니다. 이 영화 속에서 제니퍼 존스는 중국과 서양 혼혈 설정의 한수인의 역할을 잘 소화했다고 생각합니다. 그녀는 의사의 역할을 열심히 했고, 자신의 일에 자부심을 지니고 있었어요. 어려운 사람들도 돕는 착한 마음을 보이지요.

＊＊＊

어느 파티장에서 수인은 마크 엘리엇이라는 미국인 기자를 만난다. 정확히 설명하면 마크라는 기자의 눈에 그녀가 들어온 것이다. 마크는 그녀에게 의도적으로 접근하여 데이트를 신청한다. 매너 좋고 잘생긴 남자의 호의를 무시하긴 어려웠을 것이다. 그녀는 망설임과 주저함 속에서 그의 데이트를 받아들인다. 그런데 알고 보니 그 기자는 유부남이었다. 좁은 홍콩 사회에서 그들은 순식간에 스캔들의 주인공이 된다. 마크는 수인에게 설명한다. 그는 아내와 사이가 안 좋아 별거하고 있는데, 아내의 반대로 이혼을 못하고 있는 상태라고. 어느덧 마크는 수인의 마음속에 들어와 있었고, 수인은 그와의 데이트를 이어 간다.

수인은 마크와 결혼을 결심하며 중국 본토의 본가로 가서 허락을 받고는, 마카오로 여행을 떠난다. 마카오에 도착한 날 한국전쟁이 발발한다. 마크는 종군기자로 한국으로 떠나야 했다. 그들은 마카오에서 아쉬운 작별을 하고 한수인은 홀로 홍콩 병원으로 돌아온다. 그러나 유부남과의 사랑놀이로 행실이 안 좋다는 소문에 한수인은 병원에서 해고 통지를 받는다. 동료가 함께 중국 본토로 돌아가서 중국에 봉사하자고 하지만, 수인은 마크를 기다려야 한다고 거절하고 홍콩에 남는다. 그들은 서로 편지를 주고받으며 애틋한 시간을 보낸다.

그런데 얼마 뒤, 공습이 있어 마크는 전사한다. 이 영화에서 전쟁의 참상은 관객의 상상에 맡기는 듯하다. 홍콩에서 어느 날 수인은 마크의 전사 통보를 받는다. 그녀는 마크를 잃은 상실감에 깊은 슬픔 속에서 헤어나지 못한다. 그녀는 그들의 약속 장소였던 병원 뒤 동산으로 달려간다. 그러고는 푸른 하늘을 배경으로 외롭게 서 있는 그 나무를 바라보며 가슴 아파한다. 금방이라도 마크가 손을 흔들며 언덕 너머에서 나타날 것만 같다고 생각하며….

 로사의 고전 영화 산책

＊＊＊

Love Is a Many Splendored Thing

Love is a many splendored thing
It's the April rose
That only grows in the early spring
Love is natures way of giving
A reason to be living
The golden crown that makes a man, a king
Once on a high and windy hill
In the morning mist, two lovers kissed
And the world stood still
Then your fingers touched my silent heart
And taught it how to sing
Yes, true love's a many splendored thing

외국 영화 속에 한국이 나오니 당연히 한국인으로서 집중할 수밖에 없었지요. 그러나 마크는 한국을 아주 미개한 나라로 소개합니다. 당시는 한국이 저개발국가였으니 어쩔 수 없는 현실이었지요. 서울, 부산이라는 지명도 언급됩니다. 그리고 마크가 전쟁터에서 일하고 있는 장면이 나오는데, 나무들을 보니 소나무가 아니고 줄기가 곧은 침엽수인 듯해 촬영지가 한국이 아닌 것 같기도 했습니다.

두 사람의 데이트의 동선을 보면서 1950년대의 홍콩의 모습을 볼 수 있어서 좋았습니다. 홍콩의 거리, 수상택시, 레스토랑의 모습, 거리의 점집과 점쟁이. 홍콩의 해변, 당시의 풍습 등등 얼마 전에 다녀온 현대식 홍콩의 모습과 비교하며 상상하니 흥미로웠지요. 현재는 과거가 되고 미래는 현재가 되는 겁니다. 그래서 내가 모르는 과거를 볼 수 있다면, 그것은 현재의 시점에서 판타지가 되지요. 미래에 대한 판타지보다 과거에 대한 판타지는 안정적인 느낌을 주는 것 같아요. 그 점이 제가 올드무비를 보며 즐기는 포인트 중 하나입니다. 아날로그 감성으로 사랑을 느끼게 하는 명화였습니다.

20170821

로사의 고전 영화 산책

인생의 모든 것을 건 단 한 번의 격정, 「밀회」

연도: 1945년 | 국가: 영국 | 감독: 데이비드 린

주연 배우: 셀리아 존슨, 트레버 하워드

원제: Brief Encounter | 원작: 노엘 카워드, 『스틸 라이프』

수상: 1946년 칸 영화제 그랑프리 수상작

데이비드 린 감독을 이야기할 때 「밀회」는 빠지지 않는 레퍼토리입니다. 이 영화에서부터 그의 재능이 빛났다고 하던데요. 오래전에 EBS 명화 극장에서 이 영화를 본 적이 있는데 그때는 대충 봐서 그랬나, 별 감흥이 없었어요. 이번에 자세히 음미해 보니 잘 만든 영화라는 의견에 동의합니다.

＊＊＊

로라, 그녀는 독백한다. 그녀의 남편을 향한 독백이었다. 그러나 남편은 듣고 있는 것 같지 않았다.

"나는 평범한 여자이다.
격정이 나에게도 일어날 줄 몰랐다.
세상에서 가장 평범한 장소에서….
기차가 연착한 밀퍼드역 구내매점에서 한 잔의 차를 마시고 있을 때,
한 남자가 들어왔다.
나는 무심코 고개를 들어 그 남자를 바라보았다.
…
플랫폼에 서 있을 때, 석탄가루가 날려 그녀의 눈에 들어갔다.
그녀는 매점에 들어가 도움을 청했는데,
그 남자는 자신이 의사라고 하며 그녀를 도와주었다."

– 영화「밀회」속에서

인생이 한 인간에게 주어진 시간이 굉음을 내며 매몰차게 달리는 기차와 같은 것일까? 영화의 시작은 이렇다. 달리는 증기기관차가 검은 연기를 뿜으며 역사로 들어온다. 어두운 운명 같은 라흐마니노프 피아노협주곡이 기차의 굉음 사이로 두껍게 흐른다. 로라는 영국 중산층 여인이다. 캐치워드에 사는 그녀의 생활은 평화로워 보였다. 그녀의 가정에는 그녀를 신뢰하는 점잖고 실력 있는 남편이 있고, 예쁜

두 명의 아이들이 건강히 자라고 있다.

그녀는 일주일에 한 번씩 일상의 무료함에서 탈출하려고 근처 밀퍼드라는 도시로 쇼핑을 하러 간다. 도서관도 들리고 맛있는 것도 사 먹고 영화도 보고 저녁에 집으로 돌아온다. 그녀의 독백 중 이런 말도 있다. '세상에 편한 사람이 어딨어? 대충 만족하고 평화롭게 지내려 하는 것이지….'

석탄가루가 눈에 들어갔던 날이 지나고 그다음 주가 되었다. 밀퍼드에 온 그녀는 만석의 어느 레스토랑에서 혼자 점심을 먹는데, 그 의사가 식당에 들어왔다. 그는 자리를 둘러보다가 그녀를 알아보고 합석을 한다. 그 의사는 이름이 알렉으로, 철리라는 곳에 사는 개업의인데 일주일에 한 번 목요일에 친구 병원에 와서 대진을 해 준다고 했다. 로라와 알렉은 무엇이 통했는지 오래전에 헤어졌던 친구처럼 반갑게 이야기를 나눈다. 그 과정에서 그녀는 들떠 이야기하는 그에게 젊어 보인다고 말했고, 그들의 눈빛은 오묘하게 변해 간다. 그 오후 로라와 알렉은 함께 영화를 보고 밀퍼드역으로 함께 왔다. 그때 그는 그녀의 팔짱을 끼고 있었다.

기차역에서 그들은 서로 다른 방향으로 가야 했다. 남자의 기차가 먼저 떠나고 여자의 기차가 온다. 알렉은 그녀에게 다시 만날 것을 제의했으나, 로라는 대답할 수 없었다. 로라는 어두운 차창 밖을 바라보며 생각한다. 알렉이 집으로 돌아가서 그의 부인에게 자신을 만났다는 이야기를 하지 않을 것이라는 생각에 미치자 두려움에 몸을 떨었

다. 그리고 집으로 돌아왔을 때 아들이 아파 누워 있는 것을 보고 죄책
감에 시달렸다. 그녀는 남편에게 낮에 어떤 의사를 만나 함께 밥도 먹
고 영화도 봤는데 집으로 초대하고 싶다고 말했다. 남편은 무덤덤하
게 반응한다.

세 번째 목요일, 그녀는 갈등 속에서 알렉이 만남을 제의한 장소로
갔다. 그러나 그는 오지 않았다. 그녀는 흥이 나지 않아서 평소에 하던
일들을 접고 기차역으로 갔다. 그가 탈 기차가 들어올 때쯤, 그녀는 다
시는 알렉을 못 볼 것 같다는 생각에 가슴이 아팠다. 그때 알렉은 숨차
게 달려 들어왔다. 갑자기 수술이 잡혔는데 연락할 방법이 없었다고
한다. 그들은 철리행 기차 플랫폼을 향해 달리며 다음 주를 약속했다.

네 번째 목요일, 아름답게 맑은 날씨만큼 그들은 행복한 데이트를
했다. 영화도 보고 식물원도 가고 호수에서 보트를 타다가 물에 빠진
다. 그들은 허름한 장소에서 옷을 말리며 서로 사랑하고 있다고 확신
한다. 하지만 로라는 이성을 찾아야 한다고 말한다. 그리고 알렉은 그
러기엔 너무 늦은 것 같다고 말한다.

알렉이 탄 기차가 어둠 속으로 사라질 때, 그녀는 행복했고 영원히
그 기분을 간직하고 싶었다. 그녀는 사랑에 들뜬 바보 같은 여학생처
럼 그와 함께할 것들에 대해 갖가지 상상을 하며 마음이 들떴다. 캐치
워드역에 도착했을 때 그녀는 꿈에서 깨어나 차분한 상태로 집으로
향했다. 그녀는 남편에게 그날의 일정을 설명할 때 거짓말을 해야 했
다. 그리고 스스로 창피함을 느꼈고 비참했다고 독백한다.

　다섯 번째 목요일, 알렉은 멋진 호텔 레스토랑에서 로라와 식사를 하고 친구에게 멋진 승용차를 빌려 드라이브를 했다. 그녀는 기쁜 척했지만 실은 그렇지 않았다. 호텔 식당에서 친구를 만났기 때문이었다. 그들은 한적한 교외에서 서로의 사랑을 확인했고, 친구 집 차고에 도착했을 때는 이미 어두운 밤이었다. 그들이 얼마나 서로를 사랑하는지 확인했기 때문에 그녀는 위기감을 느꼈다. 알렉은 아파트 열쇠를 친구 집에 두고 가야 하니 함께 가자고 했으나, 그녀는 거절했다.

　그녀는 캐치워드행 기차를 탔다. 역무원이 출발을 알리는 휘슬을 불자 그녀는 좌석을 박차고 플랫폼으로 뛰어내렸다. 그녀는 알렉의 친구 아파트로 갔다. 그런데 알렉의 친구가 예정에도 없이 일찍 집으로 돌아오는 바람에 그녀는 뒷문으로 도망쳐야 하는 신세가 되었다. 그녀는 비 내리는 밀퍼드 밤거리를 3시간이나 헤매고 있었다. 기차역에서 알렉이 기다릴 것 같아 그랬다고 했다. 자존심이 너무 상해서 죽고 싶을 만큼 창피했다고 독백한다.

　정신을 차리니 집에서 기다릴 남편, 그리고 저녁을 준비해야 한다는 것이 생각났다. 그녀는 남편에게 늦겠다고 전화했다. 그런 뒤 자신을 너무 믿는 남편을 탓하며, 자신이 타락하고 있다고 자책한다. 막차를 타기 위해 기차역에 도착했을 때, 그녀를 기다리던 알렉을 만났다. 그는 죽을 때까지 그녀를 사랑하겠다고 했다. 그녀는 알렉이 도와준다면 이 사랑을 끝내겠다고 말했다. 그는 2주 후 요하네스버그로 떠나겠다고 했다. 당신을 사랑하고 큰 고통을 준 것에 대해 용서해 주겠냐

고 그는 말했고 그녀는 그렇게 하겠다고 답했다. 그들이 기차역 구내 매점에서 작별의 이야기를 할 때 로라의 친구인 달리가 들어왔다. 그녀는 스스럼없이 그들의 테이블에 합석을 했고 눈치 없이 수다를 늘어놓았다. 철리행 기차가 도착했을 때 알렉은 그의 손을 그녀의 어깨에 잠시 대고 떠났다.

로라는 멍한 표정으로 거실 소파에 앉아 있었다. 남편은 조용히 다가와 도와줄 일 있냐고 묻는다. 그녀는 답한다. 당신은 항상 도와준다고. 그리고 남편은 말한다. 자신에게 돌아와 줘서 고맙다고….

＊＊＊

영화를 보는 내내 조마조마했습니다. 로라의 독백이 아슬아슬했거

　　　　　　　　　　　　로사의 고전 영화 산책

든요. 여성분들은 그녀의 목소리를 따라가며 여러 가지 상상을 할 것 같습니다. 이 영화를 만든 감독이 젊은 남성이었는데, 어떻게 이렇게 중년 여성의 심리를 잘 표현했는지 궁금합니다. 라흐마니노프의 피아노협주곡도 그렇고, 기차역이 주는 독특한 분위기도 그렇고, 장면마다 말로 표현하지 않아도 전달되는 메시지가 있어요.

글쎄요. 한 번의 격정을 위해 탄탄하게 다져 온 인생을 엉망으로 만드는 것도 정말 엄청난 용기를 가져야 가능할 것 같습니다. 중년이어서 더 그렇겠죠, 청춘이라면 좀 다를 것 같네요. 이 영화 이후 비슷한 내용의 영화들이 많았습니다. 낯선 사람을 만나자마자 사랑에 빠진다면, 그런 설정이 많은 것을 보면 우리가 알지 못하는 다른 차원의 정신세계가 있을지도 모른다는 생각이 들어요. 이야기가 좀 이상해지는데… 그런 격정적인 사랑에 빠지게 되는 것도, 어쩌면 전생이랄까, 얽혀 있는 미지의 에너지랄까, 그런 것들이 작용했기 때문은 아닌가 하는 상상도 해 봅니다.

글을 마치려는데 갑자기 이런 생각이 납니다. 세상이 편안하게 느껴지는 순간들이 있다면, 그것은 편안한 지금을 지키려는 사람들의 노력 때문일 것이라고…

20190304

숨은 낭만을 자극하는 영화,
「사브리나」

연도: 1954년 | 국가: 미국 | 감독: 빌리 와일더

주연 배우: 오드리 헵번, 험프리 보가트, 윌리엄 홀든

원제: Sabrina | 원작: 사무엘 테일러, 『사브리나 페어』

수상: 아카데미 흑백의상상

오드리 헵번 주연의 「사브리나」는 여러 번 보았던 영화입니다. 시드니 폴락 감독, 해리슨 포드와 줄리아 오몬드 주연으로 리메이크한 영화도 보았는데, 감동이 덜했던 기억이 있네요. 아무래도 오드리 헵번이 빠지니 좀 싱겁다는 느낌이 있었습니다. 이 영화는 사춘기에서 숙녀로 넘어가는 시기의 여성, 사브리나를 중심으로 펼쳐지는 로맨틱 코미디입니다. 사브리나의 상대 남자 배우들이 연배가 높아서 좀 어울리지 않았지만, 사브리나만 따라가면서 영화를 보면 재미있습니다. 영화 속으로 풍덩 빠져 볼까요?

　　　　　　　　　　　　　　　로사의 고전 영화 산책

$*\quad*\quad*$

롱아일랜드에 있는 라러비가 저택은 저택을 관리하는 하인들을 많이 거느린 대저택이다. 그 하인들 중에 라러비가의 차 8대를 관리하는 운전사가 있다. 그는 아내를 잃은 뒤 홀로 딸 사브리나를 키우고 있었다. 물론 사브리나는 하인이 아니었다. 해마다 저택에서 파티가 열릴 때 사브리나는 나무 위로 올라가 파티장을 훔쳐보곤 했다. 꼭 그렇게 해야만 할 이유가 있었는데, 사브리나는 라러비가의 둘째 아들 데이비드를 짝사랑하고 있었기 때문이다.

차남 데이비드는 바람둥이였고, 결혼도 이미 세 번이나 한 진중하지 못한 사람이었다. 파티 때마다 젊고 아름다운 아가씨와 썸을 탔다. 사브리나는 몰래 데이비드의 데이트를 훔쳐보았고, 그의 데이트 코스를 암기하며, 그 대상이 자신인 것처럼 상상했다. 그 모습을 본 아버지는 그녀를 파리로 유학 보내기로 한다. 파리로 떠나가기 전날 사브리나는 유서를 써 놓고 차고로 들어가 문을 닫고 8대의 차에 시동을 걸어 일산화탄소 중독을 일으키려고 한다. 그러다 마침 뒤늦게 귀가한 첫째 아들 라이너스에게 발각되어 사고를 면한다.

장남 라이너스는 예일대 출신의 수재이며 일 중독자이며, 아직 독신이고, 라러비 상업 주식회사의 회장이다. 당시 사브리나의 마음과 달리 사브리나는 라러비가의 두 아들에게는 철부지 사춘기 소녀로밖에 보이지 않았다.

파리에서 요리학원을 다니는 사브리나의 요리 수업은 엉망이었다. 옆에서 함께 수업을 받던 동료 노인이 사브리나의 모습을 보고 충고한다. 그는 74세의 부유한 노인인데 소일거리로 요리 강습을 받으러 왔다고 했다. "사랑에 빠진 여인은 수플레를 태우고 슬픈 사랑에 빠진 여자는 오븐 켜는 것도 잊지…." 사브리나는 잊으려 한다고 대답한다. 그 사람은 자신이라는 사람이 있는 줄도 모른다고 답했다. 마치 자신이 달에 닿고자 하는 것 같다면서 사브리나는 푸념한다. 그러자 노인은 젊은 여성이 촌스러운 생각을 한다며 요즘은 달에 닿을 로켓을 만드는 세상이라고 한다. 그러면서 외모부터 바꾸는 것이 어떻겠냐고 한다. 그런 뒤 사브리나를 자선 파티 등에 데리고 다니며 여러 가지를 코치를 해 준다.

뉴욕에서 라러비가의 장남 라이너스는 동생 데이비드의 네 번째 결혼을 준비하고 있었다. 라러비 상사에서 방탄 플라스틱을 개발했는데 그것의 재료인 사탕수수 회사와 합병이 필요했다. 그는 사탕수수 회사의 첫 번째 주주가 딸이 없기에 두 번째 최대 주주인 타이슨가의 딸과 데이비드를 정략결혼시키려는 계획을 세웠다. 투덜거리는 동생에게 자신은 사업에 전념해야 해서 장가를 못 간다고 하며, 사업은 돈 버는 목적만 있는 것이 아니라고 한다. 미개발 분야에 새로운 산업을 선보이고, 많은 사람에게 직장을 얻게 하여 새로운 삶을 살 수 있게 하는 것이 그의 사업적 철학이라고 말한다. 그는 라러비 플라스틱 회사를 설립하려는 포부를 가졌다.

                                     로사의 고전 영화 산책

파리에서, 이제 2년이라는 시간 동안 유학을 마치고 곧 졸업장을 받게 될 사브리나는 멋진 여성으로 변모해 있었다. 그녀는 깊은 밤 '장밋빛 인생'이라는 노래가 들려오는 창가에 앉아 아버지에게 편지를 쓴다. 노래의 가사 중 "장밋빛 유리잔을 통해 세상을 바라본다."라는 그 말이 지금 자신을 대변하는 말인 것 같다. 요리도 배웠지만 앞으로 자신이 어떻게 이 세상을 살아가야 할지를 배웠고, 인생을 방관적으로 대하면 안 된다는 것을 배웠다고 편지에 쓴다.

뉴욕으로 돌아온 사브리나는 파리의 최첨단 유행 의상을 입고 세련된 태도로 뉴욕의 역사에서 아버지의 차를 기다리고 있었다. 그때 그 길을 지나던 데이비드 눈에 사브리나가 들어왔다. 그는 그녀를 향해 돌진했고 차에 태워 집으로 데려다주겠다고 했다. 그녀의 집이 바로 데이비드 자신의 집인데도 알아차리지 못할 정도로 그는 사브리나의 외모에 푹 빠져 자신의 이웃이라고 좋아했다. 집에 도착한 후 데이비드는 멋진 여성이 사브리나인 것을 알고 놀란다. 그리고 바로 데이트를 신청하고 저녁에 자신의 집에서 열릴 파티에 초대한다.

사브리나는 파리에서 사 온 아름다운 드레스를 입고 파티장에 나타나 사람들의 시선을 모았다. 데이비드는 자신의 데이트 루틴대로 사브리나를 테니스장으로 보내고 따라가려 했다. 그 사실을 눈치 챈 형 라이너스는 동생을 일부러 의자에 앉혔는데, 그 바람에 데이비드의 바지 뒷주머니에 있던 샴페인 잔이 깨지며 데이비드가 다치게 된다. 테니스장에서 데이비드를 기다리며 데이비드와 함께 출 왈츠와 키스를 상상하고 있는 사브리나에게 형 라이너스가 나타난다. 영리한 그녀는 사태를 바로 직감했고 자신이 올려다볼 수 없는 달을 보고 있다고 실감한다.

한편 앞에 얼음 그릇이 놓인 선풍기 에어컨이 돌아가는 방 안에서 데이비드는 엉덩이 상처를 치료하고 있다. 그는 엉덩이보다 더 아픈 가슴을 부여잡고 형 라이너스에게 사브리나를 위로해 달라고 부탁한다. 형 라이너스는 동생 데이비드를 대신해서 사브리나와 데이트를 하는데 점점 사브리나의 매력에 빠져든다. 그러나 라이너스는 이성적으로 그녀를 데이비드와 만날 수 없게 떠나보낼 계획을 짜고 있었다. 라이너스는 데이비드의 정략결혼을 서두른다. 라이너스는 사브리나가 충격을 적게 받을 방법을 생각하며 그녀에게 파리에서 지낼 아파트와 생활비를 대 주려고 한다.

사브리나의 파리행 승선표를 구입한 날 저녁, 데이트에서 사브리나는 라이너스 건물까지 와서 라이너스를 만나지 않겠다고 전화를 한다. 그녀는 라이너스를 향해 나름의 갈등을 하고 있었던 것이다. 라이너스는 사브리나를 데리고 사무실로 올라간다. 사브리나는 그곳에서 자신과 라이너스의 이름이 적힌 승선표를 발견하고, 라이너스가 자신과 함께 파리로 가려 했다는 사실에 기뻐한다. 그러나 배는 사브리나 혼자 탈 것이라고 라이너스가 말했다. 그는 사브리나가 데이비드 결혼에 방해가 된다는 말도 한다. 눈치 빠른 사브리나는 파리에 있을 때 행복했었다며 자신의 티켓만 들고 숙연히 나간다.

다음 날 아침, 라이너스는 중역 회의를 하면서 플라스틱 사업과 정략결혼을 중지한다고 발표한다. 그는 한 장 남은 자신의 승선표를 데이비드 이름으로 바꾸라고 지시한다. 눈치 빠른 데이비드는 사브리나가 형 라이너스를 마음에 두고 있다는 사실을 알았고, 라이너스도 사브리나를 사랑한다는 사실도 알았다. 데이비드는 정략결혼을 하겠다고 서명했고 라이너스가 배를 타도록 등 떠밀어 보낸다.

선상에서 슬픈 감정을 추스르려고 노력하는 사브리나에게 라이너스의 모자가 배달되었다. 그들이 만나서 포옹을 하는 장면으로 영화는 끝난다.

＊＊＊

요정 같은 사브리나를 보는 즐거움이 큽니다. 발레를 해서 멋진 자태를 지닌 오드리 헵번에게 지방시에서 의상을 협찬했다고 하지요? 영화사상 최초로 여배우에게 의상 협찬이 이루어진 역사적 의미가 있는 일이랍니다. 라이너스 사무실에서 사브리나가 헐렁한 코트를 벗었을 때 나타난 그녀의 검정 실루엣은 예술이었어요. 그 검은 바지를 '사브리나 팬츠', 신발을 '사브리나 플랫'이라고 불렀다고 하네요. 파티에서 입었던 드레스도 무척 아름다웠고요. 지금은 흔히 볼 수 있는 패션이지만 당시에는 눈길을 사로잡는 패션이었겠죠?

누구나 가슴속에 낭만이 있지요. 하지만 그것을 제대로 발휘하지 못하며 사는 사람들이 많아요. 관객들의 숨은 낭만을 자극하는 그런 영화인 것 같습니다.

20210726

운명이 만들어 낸 서글픈 비극,
「애수」

연도: 1940년 | 국가: 미국 | 감독: 머빈 르로이

주연 배우: 비비안 리, 로버트 테일러

원제: Waterloo Bridge

저는 이 영화를 세 번 봤습니다. 처음 보았을 때 가슴이 아파서 절절했던 기억이 있고, 두 번째 보았을 때도 마찬가지였던 것 같습니다. 글을 쓰기 전에 한 번 더 봤는데, 가슴이 아려 오네요. 아름다운 사랑 이야기라고 하기에는 너무 안타깝고 슬픈 영화 「애수」의 스토리를 소개합니다.

＊＊＊

젊은 발레 공연단의 무용수 마이라 레스터는 저녁 공연을 위해 단원들과 워털루 다리를 건너는데 사이렌 소리가 난다. 대피소로 대피하라는 소리에 다리 위에 있던 사람들의 발걸음이 엉킨다. 그 와중에 마이라는 핸드백을 놓쳐서 물건들이 바닥에 떨어진다. 바로 옆을 지나던 대위 크로닌은 그녀를 도와주고 함께 대피소로 달려간다. 대피소 안은 모여든 사람들로 비좁아져서 둘은 아주 가까이 있을 수 있었다. 대위는 그녀를 벽 쪽으로 인도했고 그녀를 보호한다. 둘은 그때부터 서로에게 호감이 생기기 시작한다. 그러나 대위는 다음날 프랑스 전선으로 떠나야 했고, 그녀의 발레단도 곧 미국으로 떠날 것이라고 한다. 그들은 미래를 꿈꿀 수 없는 상황이었다. 그래서 그녀는 자신의 행운의 마스코트를 대위에게 주며 행운을 빌고 헤어진다.

그날 밤 마이라의 공연 객석에 오후에 만났던 대위의 얼굴이 보인다. 대위는 대령과의 약속으로 공연을 볼 수 없다고 했기에 그녀는 놀란다. 공연이 끝나고 대기실에 모여 있는데 마이라에게 쪽지가 도착한다. 크로닌 대위의 쪽지였다. 그러나 단장에게 쪽지가 발각되고, 그녀는 나갈 수 없다는 답장을 쓰도록 강요당한다. 단장은 다시 그런 일로 발각되면 그녀는 해고당할 것이라고 한다. 그런데 활발한 룸메이트인 키티의 도움으로 두 사람은 만나게 되고, 같은 날 밤 촛불 클럽에서 달콤한 시간을 보낸다. 대위는 그녀의 표정이 삶에 기대가 없는 패배주의자 같다고 하면서도 그녀의 매력에 푹 빠져든다.

다음 날 비가 주룩주룩 오는 창가를 슬픈 표정으로 바라보고 있던 마이라의 두 눈은 놀라움으로 가득 찬다. 내리는 비를 맞으며 크로닌 대위가 서 있었기 때문이다. 그녀는 단숨에 그에게 달려갔고, 대위는 출전이 이틀 뒤로 미루어졌다고 말하며 결혼하자고 한다. 그녀도 그러자고 하면서 둘은 절차를 밟기 위해 여기저기 뛰어다닌다. 대위는 영국의 왕실 가문의 사람이고, 그녀는 평범한 가문 출신이었으나 지금은 홀로 살아가는 처지였으니 비슷한 상대는 아니었다. 그들은 결혼 절차를 위해 바쁘게 뛰어다닌다. 간신히 허락을 얻고 성당에 갔는데, 신부는 오후 3시 후에는 결혼을 할 수 없다는 법 때문에 다음 날 아침 11시에 오라고 한다. 아쉽지만 그러기로 하고 헤어진다.

그날 저녁 그녀가 공연을 위해 떠나려는데 전화가 온다. 대위는 갑자기 지금 프랑스 전선으로 가야 한다고 말한다. 그녀는 워털루역으로 달려갔지만 떠나는 기차에서 대위의 얼굴만 간신히 보았을 뿐이다. 그녀는 공연에 참석하지 못해서 발레단에서 해고당했고 마이라를 도우려 했던 키티도 함께 발레단을 나오게 된다. 그녀들은 살아갈 길이 막연해졌다. 그렇게 직장을 구할 수 없어 전전긍긍할 때 대위의 전갈을 받는다. 대위의 어머니가 마이라를 만나러 런던으로 올 것이라고 한다. 그녀는 우아한 찻집에서 대위의 어머니를 기다린다. 그런데 대위의 어머니는 기차가 연착되어 약속된 시간에 맞추어 올 수가 없었다.

마이라는 기다리면서 신문을 보는데 전사자 명단에 크로닌 대위의 이름이 있었다. 그녀는 기절했고 주인이 깨워서 포도주를 먹인다. 그러는 사이 대위 어머니가 도착한다. 그녀는 친절하지 못한 태도로 어머니를 실망시킨다. 차마 대위의 사망 소식을 전할 수 없어서 그랬던 듯하다. 당시 그녀의 삶에 희망이 될 뻔했던 크로닌의 어머니도 떠났고, 크로닌 대위는 사망했고, 발레단은 이미 미국으로 떠났고, 남은 것은 궁핍한 삶을 헤쳐나갈 일뿐이었다. 전쟁 중이었기에 누구나 어려워서 도움을 받을 수도 없었던 것이다. 그녀들은 살기 위해 거리의 여자가 되고 말았다.

해가 바뀌고, 어느 날 마이라는 잘 차려입고 다른 날들처럼 워털루역으로 나간다. 기차가 도착했고 군인들이 역사로 쏟아져 들어온다. 그녀는 눈을 의심한다. 군인들 사이에서 크로닌 대위를 발견했기 때문이었다. 너무나 당황해서 정신없이 서 있는데 크로닌은 마이라를 금방 알아본다. 둘은 다시 만난다. 크로닌은 너무 들떠서 어머니댁으로 함께 가자고 한다. 그녀는 망설였지만 뿌리칠 수도 없었다. 그들은 함께 스코틀랜드에 있는 크로닌 대위의 본가로 간다. 대위는 그녀에게 행운의 마스코트를 돌려준다. 행운의 마스코트 덕분에 무사히 돌아올 수 있었다고, 하며 이제 이 마스코트가 그녀를 지켜 줄 것이라고 한다.

본가에서 마이라는 어머니와 가족들의 환대를 받는다. 물론 내부적인 소요가 전혀 없는 것은 아니었지만, 당사자인 크로닌이 사랑하는 여자이기에 받아들이는 것 같았다. 그리고 집안에서 가장 어른인 공작이 와서 마이라에게 집안에 어울리는 부인이 되어 달라고 말한다. 정직하고 순진한 마이라는 그 상황을 도저히 견딜 수가 없었다. 그녀는 대위의 어머니에게 사실대로 말한다. 절망스러운 상황에서 살기

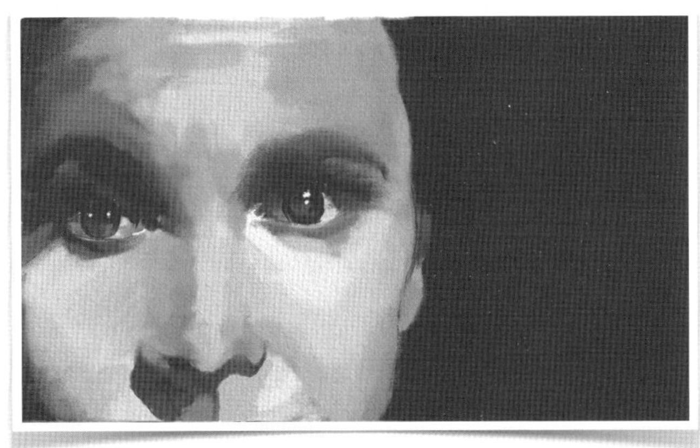

위해 선택한 일이라고 하며, 크로닌을 사랑하지만 떠나겠다고 한다. 다시는 크로닌 앞에 나타나지 않을 것이라고 하며 자신의 과거는 비밀로 해 달라고 부탁한다. 크로닌은 마이라가 떠난 것을 알았고 런던에 있는 그녀의 집으로 찾아간다. 키티와 함께 그녀가 갈 만한 곳을 찾아다니던 대위는 비로소 그녀가 떠난 이유를 알게 된다.

한편 마이라는 대위를 처음 만났던 워털루 다리 난간에 서 있었다. 템즈강의 흐르는 물을 바라보며 한참 동안 서 있는데, 짙은 안개를 헤치며 군용트럭이 줄지어 달려온다. 그녀는 트럭의 불빛을 정면으로 바라보며 걷는다. 한순간 트럭은 정지했고 그녀의 손에 들고 있던 행운의 마스코트가 바닥으로 떨어진다. 이윽고 사람들이 몰려든다.

1939년 9월 3일 영국이 독일에 선전포고를 한 날, 중년의 모습을 한 크로닌 대위는 프랑스 전선으로 가기 위해 지프차를 타고 나타난다. 그는 운전사에게 워털루 다리를 혼자 걷겠다고 말하며 차에서 내린다. 워털루 다리 난간에 서서 가슴속에서 행운의 마스코트를 꺼내 손에 쥐고 마이라를 처음 만난 순간을 생각하며 영화가 시작된다.

＊＊＊

전쟁이 아니었다면 어떠했을까요? 아마 둘은 만나지 못했을 것 같죠? 만나지 못했다면 그런 설렘과 사랑의 환희를 느끼지 못했겠네요. 그래도 평범하게 살아가지 않았을까요? 발레단에서 쫓겨나지 않았을 테고, 먹고사는 것은 걱정 안 해도 되었을 테고, 대위의 어머니를 처음 만났을 때 어머니에게 아들의 사망 소식을 알렸다면 나락으로 떨어지지 않을 만큼의 도움을 받았을까요? 신부님이 그들의 긴박한 사정을 이해하고 그날 결혼식을 해 주었다면?

여러 가지 아쉬운 설정들이 마음에 쓰이네요. 만일 평범한 스토리였다면 지금까지 많은 사람의 가슴을 울리지 못했을 테죠? 젊은 나이에 감당할 수 없는 시련을 준 전쟁이라는 상황은 사람들이 힘을 모아 피해야 할 중요한 일이라는 교훈도 되고요.

사랑하고 슬프게 사는 것이 더 나은지 사랑을 안 하고 평범하게 사는 것이 더 나은 지는 각자의 선택이겠지만 결과는 운명이라는 생각이 듭니다. 크로닌의 대사처럼 미래는 궁금하지만 알 수 없는 것이니까요.

201909110

세상을 등진 사랑에 대하여,
「엘비라 마디간」

연도: 1967년 | 국가: 스웨덴 | 감독: 보 비더버그

주연 배우: 피아 데게르마르크, 토미 베르그렌 | 원제: Elvira Madigan

수상: 1967년 칸영화제 여우주연상

드디어

그녀는 나비를 잡았다.

그리고

총성과 함께 모든 것이 까만 암흑 속으로 빨려 들어갔다.

이제

감미로운 선율도 달콤한 햇살도 가슴에 일렁이는 바람도

없다.

엘비라 마디간이 사라졌다.

더는

그녀의 아름다운 줄타기를 못 보겠지?

육군 중위 시스틴 스파레는 탈영했다.

그를 추적해야 한다.

중위의 부인과 자녀들은

그들의 가장에게 나쁜 일이 일어나지 않기를

간절히 눈물로 기도했겠지?

그리고 오래지 않아

숲에서

그녀와 그의 시신이 발견되었다.

사람들의 마음에 호기심이 들끓었을 것이고

그들의 자취를 따라

엘비라 마디간이란 영화가 탄생되었겠지.

* * *

흔히 말하는

　　　　　　　　　　　로사의 고전 영화 산책

내가 하면 사랑 남이 하면 불륜

이런 것이겠지만,

필름에 담긴 모습은 시적이고 아름답다.

그들이 함께 노니는 장면은 평화로운 풍경이다.

사람들과 엉겨 사는 그런 현장이 아니고

그들이 도피한 곳은 낙원 같은 곳.

햇살이 모든 것을 반짝이게 하고

부드러운 바람이 그녀의 금발을 빛처럼 쏟아지게 하고

그들의 포옹은 달콤하게 녹아 내린다.

* * *

그들은

찬란한 햇빛에

제 빛깔을 잃어 황금빛으로 변한 들꽃 같은 들판을

어린아이들처럼 뛰어 다닌다.

너울거리면서

그들처럼 들꽃을 즐기는 나비를

잡으려 한다.

나비는 잡힐 듯

손끝을 스치며 날아간다.

아름다운 모차르트의 피아노 선율은

그들의 심장박동같다.

그들이 못 참은 것은

배고픔!

세상을 등지고 살아야 할 때

스스로 해결해야 할 것은 먹고 자는 것.

결국 마음속의 열정도 머릿속의 이상도

모두 그것 앞에서 힘없이 무너지는 것이 현실이다.

주린 배를 위해 풀잎을 주워 먹고 행복할 수는 없겠지…?

 로사의 고전 영화 산책

인간 세상이 준 그들의 밑천이 바닥났을 때

그들이

선택한 것은

그들의 사랑을 영원히 지키는 것이었다.

두 발의 총성은

그들이 선택한 것이고

추운 겨울을 위해 그녀가 짜고 있던 붉은 스웨터는

마지막 소매 부분을 완성시키지 못한 채로

이곳에 남겨졌다.

이 이야기는 1889년에 덴마크에서 일어난 실화라고 한다. 그들이 현실에서 사라지고 시신으로 발견될 때까지 그 시간들은 사람들의 상상이었겠지, 영화보다 더 아름다웠을 수도 있고…

영화보다 더 슬펐을 수도 있고…

그녀가 잡은 나비는 그녀에게 무엇이었을까? 그녀는 그것을 잡는 순간 행복한 표정을 지었고 그대로 화면에서 사라졌으니 그들의 사랑은 영원히 아름답게 기억된다.

20170227

화려한 가면 뒤에서 무너져 가는 사랑,
「위대한 개츠비」

연도: 2013년 | 국가: 미국 | 감독: 바즈 루어만

주연 배우: 레오나르도 디카프리오, 캐리 멀리건, 토비 맥과이어, 조엘 에저튼

원제: The Great Gatsby | 원작: 스콧 피츠제럴드, 『위대한 개츠비』

수상: 제86회 미국 아카데미 시상식 미술상, 의상상,

제67회 영국 아카데미 시상식 의상상, 프로덕션디자인상,

제19회 크리틱스 초이스 시상식 미술상, 의상상

1920년대, 롱아일랜드에 있는 웨스트 에그, 이스트 에그, 퀸즈에 있는 재의 언덕, 퀸즈버러 교와 애스토리아, 뉴욕의 어느 아파트, 맨해튼의 플라자 호텔. 이곳들이 이 영화의 배경이 되는 지역입니다. 이 영화는 언뜻 난해하게 느껴지기도 하는데요. 아마도 제3자의 관점에서 이야기가 흘러가기 때문일지도 모르지요. 주인공들의 행동을 보며 이 영화의 내레이터는 그들을 추측하고, 그 추측을 들으며 관객은 다시

다른 해석을 덧붙이기도 합니다. 저는 영화 「위대한 개츠비」를 두 버전 모두 보았는데요. 처음에 본 것은 오래전에 BBC에서 제작된 영화였던 것 같고, 이번에 미국에서 제작된 이 영화를 다시 보았습니다. 개인적으로 먼저 본 영화가 더 소설에 가깝게 표현되었고, 이번 영화는 화려한 영상미가 압권이었다고 말하고 싶네요.

＊＊＊

　웨스트 에그의 대저택에서 주말마다 화려한 파티를 한다. 매혹적인 것은 모든 것이 무료이고 초대장도 없다는 것이었다. 흥청망청 먹고 마시고, 재즈가 흐르고, 화려한 무대처럼 치장한 저택의 모든 것을 놀이동산처럼 마음껏 이용하도록 주인은 방문객에게 문을 열어 준다. 그곳에 참석한 사람들은 파티를 연 저택의 주인을 한 번도 본 적이 없고 대신 그에 대한 여러 가지 소문만 술 취한 파티장에 가득했다.
　웨스트 에그에서 만을 건너면 이스트 에그의 어느 저택 선착장이 보이는 데 밤이면 그곳에 녹색 불빛이 항상 켜져 있었다. 웨스트 에그 저택의 주인은 자신의 저택에서 멀리 바다 건너 희미하게 보이는, 손에 닿지 않는 그 불빛을 간절한 눈빛으로 바라보고 있었다. 웨스트 에그 저택이 훤히 보이는 옆집에 사는 캐러웨이가 이 영화의 관찰자이다. 그는 서부에서 온, 월스트리트에서 일하고 있는 예일대학교 출신의 청년이다.

캐러웨이는 어느 날 옆집 웨스트 에그 저택 주인의 초대장을 받고 그의 파티에 참석하게 되고, 주인인 개츠비 씨를 만나게 된다. 개츠비는 캐러웨이에게 건너편 이스트 에그 저택의 안주인 데이지를 만나게 해 달라고 부탁한다. 캐러웨이와 데이지는 육촌 간이고, 데이지의 남편 톰은 캐러웨이와 대학 동창이다. 캐러웨이가 주선해서 개츠비와 데이지는 캐러웨이의 집에서 비밀리에 만나게 된다. 개츠비는 매우 흥분해 있었고 데이지는 뜻밖의 만남에 놀란다. 그 후 웨스트 에그의 파티는 없어졌고, 그 집 하인들도 모두 교체되었다. 그 웨스트 에그 저택에서 개츠비와 데이지의 은밀한 만남이 계속되었다.

개츠비와 데이지의 만남은 5년 만에 이루어진 재회였다. 개츠비가 군인 장교로 있을 무렵 루빌에 살던 아름답고 부유한 데이지는 뭇 청년들의 관심을 받았다. 개츠비는 그의 언변으로 자신의 가난함을 다르게 포장하여 데이지의 마음을 사로잡았다. 그들이 은밀한 데이트를 이어 가던 중 개츠비가 해외로 파병되어 헤어졌다. 그의 연락을 받지 못한 데이지는 집안에서 권하는 결혼을 한다. 데이지는 결혼식 전날까지 개츠비를 기다렸다. 그러나 갑부이며 폴로 선수인 톰이라는 청년과 결혼 후에는 달콤한 신혼에 빠져 있었다. 데이지와 재회한 개츠비는 그녀와 행복했던 과거로 돌아가고 싶어 했다. 그리고 거기서부터 다시 그들만의 새로운 삶을 시작하고 만들고 싶어 했다.

개츠비는 데이지에게 처음부터 한 번도 톰을 사랑한 적이 없다고 톰에게 말하라고 했다. 데이지도 수긍하는 듯했다. 데이지와 톰에게

　　　　　　　　　　　　　　　로사의 고전 영화 산책

는 문제가 있었다. 톰은 데이지가 딸을 출산했을 때도 호텔 메이드와 바람을 피우다가 함께 교통사고가 나서 세상을 떠들썩하게 한 적이 있었고, 영화가 진행되는 당시에도 퀸즈에 사는 어느 유부녀와 정을 통했다. 그 사실을 데이지도 알고 있었다. 그렇게 톰과 데이지 사이에 팽팽한 긴장감이 있을 때 개츠비가 나타난 것이었다. 어느 날 톰과 데이지가 개츠비의 파티에 초대된 적이 있었는데 그날 톰은 이상한 낌새를 알아챘고 톰과 개츠비는 서로 경계한다.

무지하게 더운 어느 날 개츠비는 데이지 집에 초대를 받고 캐러웨이와 함께 그녀의 집으로 간다. 그곳에는 데이지의 친구인 골프 선수 조던도 함께 있었다. 그들은 함께 모여 이런저런 이야기를 했고, 개츠비는 그곳에서 데이지가 고백해 주기를 바랐다. 데이지가 사랑한 사람은 개츠비 자신뿐이라고. 분위기가 이상해지자 데이지는 답답하다며 바람을 쐬러 플라자 호텔로 가자고 했다. 톰도 분위기를 감지했고, 그들은 뉴욕으로 떠났다. 그때 톰과 개츠비는 서로 차를 바꾸어 타고 가기로 했다. 톰의 푸른색 쿠페에는 개츠비와 데이지, 개츠비의 노란색 쿠페에는 톰, 캐러웨이 조던이 타고 나갔다.

이스트 에그에서 뉴욕에 가려면 퀸즈에 있는 재의 언덕이라는 곳을 지난다. 그곳은 회색의 음침한 곳으로 언제나 검게 그을린 노동자들이 있는 곳이었다. 그곳에는 오래전에 문을 닫은 안과 병원의 광고판이 황량하게 서 있다. 광고판 속 에클버그 박사의 안경 낀 커다란 두 눈은 모든 것을 감시하듯 재의 언덕을 내려다보고 있어 작은 긴장감이 느껴졌다. 그곳에는 가게가 3개 있었는데, 그중 하나가 윌슨이라는 사람이 운영하는 자동차 정비소이자 정유소였다. 톰은 그곳에서 주유를 위해 멈춘다. 윌슨은 기름을 넣어 주며 이곳을 떠날 것이라고 톰에게 말한다. 동시에 톰은 이 층 커튼 사이로 윌슨의 아내가 아래를 내려다보고 있는 것을 직감한다.

플라자 호텔도 덥기는 마찬가지였고, 그들의 신경전은 계속된다. 데이지는 톰을 포기하지도 개츠비를 포기하지도 않을 듯 갈등하며 뛰쳐나갔고, 개츠비는 데이지를 따라 나가 개츠비 자신의 노란 쿠페를 타고 집으로 간다. 데이지가 흥분한 채로 개츠비의 노란 쿠페 운전대를 잡는다. 재의 언덕에 도달했을 때 윌슨의 아내 머틀은 다급하게 노란색 쿠페를 향해 손을 흔들며 달려왔고, 그대로 노란색 쿠페에 치여

즉사한다. 개츠비는 사고를 낸 차를 차고에 넣어 두고 자신의 집에서 데이지를 기다린다. 개츠비에게 희망을 줄 데이지의 소식을.

캐러웨이는 데이지가 오지 않을 것이라고 확신했지만 차마 말을 못 했다. 캐러웨이는 개츠비에게 1주간, 아니 며칠만이라도 이곳을 떠나는 것이 좋겠다고 권했다. 개츠비는 데이지를 기다려야 해서 그럴 수 없다고 말했다. 그날 밤 캐러웨이는 개츠비와 밤새 이야기를 했고 다음 날 아침에 데이지를 기다리는 개츠비를 남겨 두고 일터로 나갔다.

캐러웨이가 점심때쯤 집으로 돌아오는데 여러 발의 총성이 개츠비 저택에서 들렸다. 윌슨이 개츠비를 총으로 쏴 죽이고 자살한 것이다. 윌슨은 자신의 아내를 친 차가 개츠비의 차라는 것을 톰을 통해 전해 들었다. 윌슨은 자신의 아내 머틀이 그렇게 뛰쳐나간 것도 정부인 개츠비를 만나기 위해서라고 오해하고 반실성 상태로 개츠비의 집을 찾아갔던 것이다. 개츠비는 톰 대신 머틀의 불륜남이 되었다. 그리고 자신의 정부 머틀을 차로 치고 뺑소니친 나쁜 사람이 되어, 머틀의 남편 윌슨에 의해 살해되었다는 누명을 쓴 채로 사망하여 온 세상을 떠들썩하게 했다. 데이지는 개츠비의 장례식에 가지 않았다. 화환도 전보도 보내지 않았다.

＊＊＊

이 영화의 스토리는 첫사랑을 잊지 못해 집착하는 한 남자의 이야기라고 말할 수 있고, 다르게는 아메리칸드림을 쫓는 한 사나이의 이야기라고 말할 수도 있겠습니다. 또 한편으로 작가 피츠제럴드는 이야기를 전개하며 자신의 눈에 비친 당시 미국의 시대상을 독자들에게 전하고 싶어 한 것도 같네요. 작가는 1920년대의 풍요로운 미국 경제 속에서 사람들의 흥청거림과 탈선을 개츠비의 파티를 통해 사치스럽게 표현했습니다. 내면으로 당시 주류인 백인 미국인들의 고뇌도 표현했는데, 변화하는 세상 속에서 백인들이 지녔던 전통적인 가치의 몰락을 두려워하고 있음도 읽을 수 있지요.

톰은 그들, 백인이 주인이라고 생각한 문명이 유색인종으로 넘어갈 수 있다는 불안감을 말합니다. 개츠비와 캐러웨이가 뉴욕을 향해 퀸즈버러 다리를 건널 때 백인 운전사를 고용한 럭셔리하게 차려입은 흑인 남녀의 멋진 리무진을 보는 장면이 나오는데요. 차 속의 흑인들이 경쟁심이 가득한 눈으로 자신들을 바라볼 때 신기루처럼 발전하는 뉴욕에서는 무슨 일이든 일어날 수 있는 것이라며 캐러웨이는 자조적인 웃음을 흘립니다. 톰과 데이지의 결혼 생활이 개츠비에 의해 파탄 나려고 할 때의 기분을 이제 흑인과 백인이 결혼하는 사태에 이를 것이란 비난의 대화로 표현하기도 했지요. 개츠비의 사망을 통해 당시 미국 기득권의 위선과 거짓에 찬 삶을 보여 주기도 했습니다. 영화의 배경이 되는 이스트 에그와 웨스트 에그라는 명칭도 전통적인 미국 갑부와 신흥 갑부를 상징한 듯하고, 전통적인 미국 갑부를 이스트 에그 저택의 톰으로 신흥 갑부를 웨스트 에그 저택의 개츠비로 표

     로사의 고전 영화 산책

현하고 있는 듯합니다.

신흥 갑부 개츠비의 일생을 살펴볼까요? 그는 서부의 가난한 농부의 아들로 태어났고 어릴 때부터 총명했으며 자기 관리를 잘했다고 합니다. 그는 자신을 특별한 존재라고 스스로 생각하고 17세에 집을 떠났지요. 그러다가 우연히 난파되려는 보트를 구하고 보트 주인의 신임을 얻어 그와 함께 5년간 항해를 했습니다. 그는 댄 코디라는 부유한 사람으로, 개츠비에게 상류 사회 사람들의 에티켓과 생활을 가르쳐 주었다고 합니다. 그가 사망할 때 약간의 돈을 개츠비에게 유산으로 남겼고, 개츠비는 그를 아버지로 생각했지요.

그 후 개츠비는 군대에 갔고 제1차 세계대전 중 공로를 인정받아 많은 훈장을 받았습니다. 장교로 옥스퍼드대학교에서 수 개월간 공부하는 혜택도 받았다고 했습니다. 그가 제대했을 때 무일푼인 상태로 마이어 울프 샤인이라는 사람을 만나 그의 수하로 들어갑니다. 마이어 울프 샤인은 1919년 월드시리즈를 조작한 장본인이라 소개하며, 그와 함께 사업을 이끌어 나갔다고 하는데요. 톰이 그들의 사업이 주류 밀매업이라는 걸 밝혀냈습니다. 당시는 금주령의 시대였으니, 개츠비는 그렇게 불법적인 방법으로 신흥 갑부가 된 것이었지요.

저는 개츠비의 행적을 관찰하며 그가 편집증 환자일 수도 있겠다는 생각을 했습니다. 그는 가난했고, 새로운 삶을 계획하며 '개츠비'라는 이름으로 개명도 했지요. 장교로 있을 때 루빌에서 자신과 다른 세상에 사는 아름답고 부유한 데이지를 선망하기도 하고요. 개츠비는 그녀가 그에게 부와 명예를 한꺼번에 줄 것으로 믿은 것 같습니다. 그녀를 자신의 것으로 만들었지만, 세상의 잣대가 개츠비가 그녀 곁에 있는 것을 허락하지 않았지요.

그는 와신상담 후 부자가 되어 다시 그녀 곁으로 돌아옵니다. 부유해진 개츠비는 톰을 제치고 자신이 데이지를 차지할 것이라는 확신에 차 있었죠. 개츠비는 그의 치밀한 계획대로 데이지에게 접근했고, 그녀와의 달콤했던 과거도 되찾았다고 생각합니다. 톰에게 '톰을 사랑한 적이 없다.'라는 말을 톰과 자신 앞에서 해 주길 데이지에게 강요하기도 합니다. 마지막 순간까지 자신의 수영장에서 오지 않을 데이지의 전화를 부질없이 기다리다가 윌슨의 총에 맞고 세상을 떠나지요. 죽는 순간까지 그녀에 대한 개츠비의 생각은 자신의 승리였습니다.

그는 그가 어릴 때부터 잘했던 하루의 일과를 적어 놓고 그대로 실천하던 그 방법으로 그에게 부와 지위를 상징했던 데이지에게 계획적으로 접근하여 한 단계씩 성취하고 있었던 것입니다. 과거는 돌이킬 수 없다는 충고를 들으면서도 개츠비는 과거로 돌아가 데이지와의 행복했던 순간을 되찾으려 무던히 노력합니다. 그러나 시간은 불확실한 미래를 향해 앞으로 나아가고 있었지요.

20201005

한 여인의 파란만장한 삶을 그린,
「해밀턴 부인」

연도: 1941년 | 국가: 영국 | 감독: 알렉산더 코다

주연 배우: 비비안 리, 로런스 올리비에 | 원제: Lady Hamilton

수상: 제14회 미국 아카데미 시상식 음향믹싱상

영국의 넬슨 제독을 기억하실 겁니다. 우리나라의 이순신 장군과 견주는 영국의 해군 장군이지요. 해밀턴 부인은 넬슨 제독의 정부였어요. 「해밀턴 부인」은 그 불륜의 사랑 이야기를 다룬 영화인데, 해밀턴 부인의 회상 속에서 넬슨 제독의 애국적 활약을 자세히 다루고 있어서 그런지 윈스턴 처칠이 아주 좋아했던 영화라고 합니다. 실제 영화 속에서 트라팔가르 해전의 모습을 오랫동안 보여 준답니다.

＊＊＊

첫 장면은 엠마가 비참한 상태로 가게에서 술병을 훔치다가 경찰에게 붙잡혀 감옥으로 가는 모습이다. 그곳에서 다른 죄수의 질문에 회상하며 자신의 이야기를 털어놓는다. 그녀의 회상은 엠마가 나폴리 영국 대사 해밀턴을 만나러 오는 부분부터 시작된다. 해밀턴 대사의 조카 찰스 그레빌이 엠마를 대사에게 팔아 버린 것이었다. 그 사실을 모른 채 대사에게 온 엠마는 찰스와 결혼을 꿈꾸며 기다리지만 바로 현실을 직시하게 된다.

엠마는 가난한 대장간 집의 딸로 태어났는데, 워낙 미모가 출중해서 많은 남자의 시선을 끌었고, 그러다 귀족의 파티장에서 댄서로 일한다. 그러던 중 귀족인 찰스의 눈에 띄어 그의 애인이 되었고, 그의

　　　　　　　　　　　　　로사의 고전 영화 산책

집에서 귀족 생활의 품행을 익히게 된다. 그녀는 찰스 집을 드나들던 당시 유명 화가의 모델이 되었다. 그들이 그린 여러 장의 초상화 덕분에 유명해지기도 한다. 그러나 방탕한 생활을 한 찰스의 빚을 갚아 주는 조건으로 엠마는 그의 삼촌 해밀턴 대사에게 오게 된 것이다.

해밀턴 대사는 부인과 금실이 좋았는데, 그 부인을 먼저 떠나 보내고 홀로 살고 있었다. 슬하에 자식도 없었고 엠마와 나이 차이가 30살도 넘었으니 엠마를 딸처럼 사랑했던 것 같다. 대사는 결혼 후 장식품처럼 그녀를 데리고 다녔고 각각 방을 쓰는 부부였다. 해밀턴 대사는 예술품을 모아 소장하며 사랑하는 취미가 있는데, 아마도 엠마는 그의 소장품 중 하나였을 듯싶다. 결혼 후 엠마는 해밀턴 부인이라 불린다. 엠마는 대사를 따라다니며 사교 활동에 익숙해지고 나폴리 왕비와 친분을 쌓는다.

그러던 어느 날, 영국의 내전 사태로 병력을 충원할 수 없었던 넬슨은 나폴리 대사를 찾아온다. 나폴리의 도움을 얻기 위함이었는데 나폴리도 프랑스의 눈치를 보고 있는 처지라고 대사는 난감해한다. 그러자 엠마가 직접 나서서 나폴리 왕비를 만나 도움을 얻어냈고, 그 결과 나일 해전에서 넬슨이 승리를 이끄는 데 도움을 준다. 넬슨이 전쟁 중 부상을 당하고 나폴리로 왔을 때 해밀턴 부인이 지극 정성으로 간호하여 넬슨의 회복을 돕는다. 그렇게 넬슨과 해밀턴 부인은 사랑을 키워 간다. 넬슨도 영국에 본처가 있었고 엠마도 결혼한 몸이니 그들의 사랑은 불륜이었다. 영국에서도 그들의 관계가 소문으로 퍼져 가고 있었는데, 해밀턴은 그들의 관계를 눈감아 준다. 이해하기 힘든 이야기지만 해밀턴 대사의 마음속 엠마의 위치를 가늠해 보면 어렴풋이 이해가 갈 것도 같다.

엠마는 넬슨을 따라 영국으로 온다. 해밀턴 대사도 영국으로 온다. 넬슨은 영국민들의 열렬한 환영을 받는다. 당시 엠마는 넬슨의 아이를 잉태하고 있었고, 그 사실을 넬슨 부인이 보게 된다. 넬슨의 아버지를 돌보며 고향에서 남편을 기다리며 살고 있던 부인을 버리고 넬슨은 해밀턴과 함께 살았다. 부인과 이혼을 하지 않았기에 엠마와 결혼할 수 없었다. 해밀턴 대사가 사망한 후, 엠마는 미망인 상태로 넬슨과 함께 살았다. 넬슨은 프랑스의 침공을 막기 위해 국가의 부름을 받고 트라팔가르 해전으로 간다. 그곳에서 넬슨은 해전을 영국의 승리로 이끌고 장렬히 전사한다. 엠마는 넬슨의 정식 부인이 아니었기에, 그의 연금이나 재산을 나눌 수 없었다. 씀씀이도 헤퍼서 가지고 있던 재산을 탕진하고 감옥생활까지 하게 된다.

평민으로 태어나 미모를 무기로 귀족의 부인이 되고, 당시 그녀의 계급으로는 누리지 못할 호사를 누리고 살았으니 그만하면 성공한 인생이었겠지만, 그녀의 마지막은 비극이었다. 그녀가 신분 상승을 할 수 있었던 것은 단지 미모 때문만은 아닌 듯하다. 순간순간 자신이 원하는 방향으로 사태를 움직일 수 있는 지혜와 기지가 있었을 것으로 생각된다. 모든 것을 잃고 알코올 중독자가 되어 거리를 떠도는 엠마의 모습이 꽤 비참해 보인다. 그렇게 감옥에서의 회상을 끝내는 방식으로 영화도 마무리된다.

＊＊＊

그냥 이런 이야기를 알지 못하고 군인 신분의 넬슨 제독을 기억할 때가 더 좋았네요. 이 영화를 통해 넬슨 제독의 깊은 사생활을 알게 된 계기가 되었어요. 그를 나쁘게 평가하고 싶지는 않지만, 엠마와의 사랑 이야기도 그렇고 그의 가족에 대한 태도도 그리 아름답지 못하다고 생각했습니다.

20211018

인생

영원히 미완의 필름

약한 자의 삶은 무엇으로 인해 파괴되는가,
「욕망이라는 이름의 전차」

연도: 1957년 | 국가: 미국 | 감독: 엘리아 카잔

주연 배우: 비비안 리, 말론 브란도, 킴 헌터

원제: A Streetcar Named Desire

원작: 테네시 윌리엄스 『욕망이라는 이름의 전차』

수상: 제6회 영국 아카데미 시상식 여우주연상,

제24회 미국 아카데미 시상식 여우주연상, 남우조연상, 여우조연상, 미술상,

제9회 골든 글로브 시상식 여우조연상,

제15회 베니스국제영화제 볼피컵 여우주연상, 심사위원 특별상

집중도가 높은 영화입니다. 마치 연극을 보고 있는 듯했고 관객을 깊이 빠져들게 하더군요. 흥미롭고 궁금한 영화였어요. 브랑쉬를 연기한 비비안 리의 연기력이 크게 돋보였고, 이 영화로 그녀는 아카데미 여우주연상을 거머쥐었습니다. 연약한 사람이 보호막이 없이 세상에 던져졌을 때 파괴되는 과정을 그려냈는데, 그렇게 연약해진 모습

                    로사의 고전 영화 산책

을 본 사람들이 그녀를 대하는 행동에서 두려움이 느껴지기도 했습니다. 폭력성은 있지만 평범한 노동자였던 스탠리가 자신보다 나약한 브랑쉬를 어떻게 괴롭히는지 잘 보여 줍니다.

'가치관이라는 것이 인생을 얼마나 좌지우지할 수 있는가?' 하는 점도 생각해 보았습니다. 인간의 욕망이란 본능적인 면도 있겠지만, 성장하며 만들어진 자아와 가치관에 의해 살면서 창조될 수도 있는 것이겠지요? 이 영화에서 '욕망이란 죽음의 반대'라는 대사가 나옵니다. '욕망이 없는 사람은 죽은 것이다.'라는 뜻일까요? 욕망은 때론 삶의 원동력이 되기도 하고 때론 삶을 파괴하는 원인이 되기도 하는 것 같습니다.

＊＊＊

"전차는 시간처럼 달려가고 그 안에 욕망을 가득 담고 달린다면… 어느덧 묘지로 향하는 열차로 갈아타야 하고 그다음 역에서 안식을 얻는 것인가…?"

브랑쉬는 욕망이라는 이름의 전차를 탄 뒤, 묘지라는 이름의 전차로 갈아타고 뉴올리언스에 사는 여동생 집을 찾아간다. 여동생은 세상에 하나 남은 그녀의 끈이다. 브랑쉬의 동생 스텔라는 스탠리라는 폴란드계 청년과 결혼하여 살고 있었다. 스탠리는 노동자 계급이고 교양과 품위라고는 찾아볼 수 없는 청년이었다. 그는 폴란드계이지만 미국에서 태어나 자란 위대한 미국인이란 자부심이 있었다.

브랑쉬는 이 집이 함정이었다고 말했다. 동생의 편지와 달리 그들이 살고 있는 집은 누추했다. 그들은 브랑쉬를 위해 간이 접이 침대와 커튼을 벽으로 삼은 작은 공간을 제공할 수밖에 없는 형편이었다. 처음부터 스탠리는 브랑쉬를 못마땅하게 생각했고 귀족 출신 브랑쉬의 고상한 척하는 태도와 취미를 더 싫어했다. 노동자였던 스탠리는 귀족 출신의 스텔라와 결혼함으로써 신분이 올라갔다고 생각했다. 그는 남성우월주의에 사로잡혀 스스로 가정에서 왕이라고 소리치기도 한다. 가끔씩 폭력적으로 돌변하지만 젊고 성적 매력이 강하게 풍기는 스탠리에게 스텔라는 깊이 빠져 있었다.

스탠리는 브랑쉬의 가방을 뒤지며 그녀들의 고향 농장에 관한 서류를 찾는다. 그러고는 자신이 그녀들의 가족이고 남자이기 때문에 재산에 대해 알 권리가 있다고 주장한다. 그는 브랑쉬의 고가로 보이는 화려한 소지품들을 경멸했다. 그녀가 농장을 처분한 돈으로 그것들을 샀을 거라고 의심도 했다. 브랑쉬와 스텔라는 미국 남부 지주 집안의 딸들이었다. 농장에서 가족들은 모두 사망했고 조상들이 방탕하게 살기 위해 농장을 저당 잡혀서 남은 농장이 없다고 브랑쉬는 설명했다.

그녀는 16세에 사랑에 빠져 결혼을 했는데, 소년이었던 남편은 시만 쓰고 잘하는 것이 없는 연약한 소년이었다고 한다. 어느 날 자신과 폴카를 추는 도중 자신이 남편을 비하하는 말을 하자 뛰쳐나가 총으로 자살을 했다고 했다. 그 후 그녀는 그 상황이 너무나 충격적이어서 갈피를 못 잡고 방황했으며, 그 당시 폴카 음악이 환청으로 들려서 괴

　　　　　　　　　　　　　로사의 고전 영화 산책

로워한다고 했다. 브랑쉬는 자신의 직업을 영어 교사라고 소개했다.

스탠리의 친구들은 저녁에 그의 집에 와서 가끔 카드놀이를 한다. 그의 친구 중 미치라는 노총각이 있었다. 미치는 브랑쉬를 한번 보고 반하여 사랑에 빠졌다. 그들은 저녁에 데이트를 했고 브랑쉬는 미치에게서 프러포즈를 받았다. 브랑쉬는 결혼으로 자신의 불행한 현재를 빠져나갈 수 있다고 생각했다. 브랑쉬가 들떠 있을 무렵, 스탠리는 브랑쉬의 뒷조사를 했다. 그는 브랑쉬가 그녀가 떠나온 지역에서 성적으로 문란한 생활을 했고 어린 학생과 부적절한 관계를 맺어 학교에서도 쫓겨났으며, 더 이상 머물 곳이 없어 이곳에 온 것을 알게 되었다. 그는 그 사실을 미치와 스텔라에게 말했다. 스텔라는 브랑쉬가 어린 시절 얼마나 다정하고 순진한 소녀였는지 당신은 모른다며 그녀에게 모른 척할 것을 부탁한다.

미치가 약속한 시간에 오지 않자 그녀는 초조해하고 자신의 과거가 다 폭로되었다는 사실을 알고 브랑쉬는 극도로 정신불안 증세를 보인다. 그녀는 현실과 환상을 혼동하여 과거에 그녀에게 좋았던 기억만을 생각해 내고 그것이 마치 지금 일어나고 있는 듯 행동한다. 더욱이 스텔라가 아기를 낳으러 집을 비운 날 브랑쉬는 스탠리에게 강간을 당하고 그 사실을 스텔라에게 말한다. 스텔라는 반신반의하면서도 브랑쉬를 정신 병원에 보내자고 한 스탠리의 말에 동의한다.

정신병원에서 사람들이 그녀를 데리러 왔다. 직감적으로 안 좋은 상황임을 알아차린 브랑쉬는 잠시 저항했으나 스스로 의사의 팔짱을

끼고 나간다. 그때 그녀는 의사에게 이렇게 말한다. "당신이 누군지는 모르지만 전 항상 낯선 사람들의 친절에 의지해 왔어요." 브랑쉬가 떠난 뒤 스텔라는 아기를 안고 자신을 부르는 스탠리를 뒤로 한 채 다시는 돌아가지 않을 것이라고 했다.

＊＊＊

브랑쉬는 귀족의 집안에서 성장했지만, 자라면서 집안이 기울어지는 것을 보았습니다. 게다가 이른 나이에 결혼하여 자신 때문에 남편이 죽었다는 죄책감을 지니고 있었죠. 그녀는 혼자 남게 되었을 때, 두려워서 보호막을 찾으려 여기저기 헤매었다고 고백했습니다. 그녀의 선택은 성적으로 문란한 생활이었고, 그 일이 소문 나서 갈 곳이 없어

　　　　　　　　　　로사의 고전 영화 산책

졌지요. 그녀는 아름답게 치장하는 것을 좋아했고, 우아하고 고상한 대화로 상대방을 현혹시켰다고 합니다. 낯선 사람들은 그녀에게 쉽게 속아 넘어갔지요. 그 순간 그녀는 고통에서 해방되고 잠시 행복감에 젖어들었던 듯합니다.

하지만 현실을 직시했을 때 그녀는 고통 속에 빠지게 됩니다. 그녀의 이상은 고상하고 높았는데, 그녀에게 다가온 현실은 기대 이하의 삶이었을 테니까요. 이미 그녀의 행복을 펼칠 낙원은 사라졌고, 적응할 수 없는 세상이 펼쳐졌다는 사실에 당황하며 갈등하고 있었을지도 모릅니다. 연약한 한 여성이 홀로 헤쳐 나가기 힘든 사회 현상이 벌어지고 있었을 것도 같습니다.

그래서인지 그녀는 목욕을 좋아합니다. 깨끗이 몸을 씻는 것, 그것으로 자신의 비행을 씻어 낼 수 없다는 것을 알면서도 말입니다. 그녀는 진실보다 마법을 좋아한다고 고백합니다. 나이를 감추기 위한 종이 갓을 씌운 전등, 향수, 분, 사치스러운 장신구들과 우아하고 고상한 언어의 선택으로 현실의 자신을 기만하고 치장된 망상 속에서 허덕이지요. 현실과 환상을 구별하지 못하고 점점 더 정신 분열적인 행동을 보여 줍니다. 그녀가 간 곳은 정신병원이었어요. 정말 마음이 복잡해지는 영화였습니다.

20191016

아무도 구원할 수 없는 최후의 시간,
「25시」

연도: 1967년 | 국가: 프랑스, 이탈리아, 유고슬라비아

감독: 앙리 베르누이

주연 배우: 안소니 퀸, 비르나 리시, 그레고리 아슬런,

마이클 레드그레이브, 마르셀 다리오

원제: La Vingt-cinquieme heure | 원작: 콘스탄틴 버질 게오르규, 『25시』

"A war is one test of a man… A woman is another!" 포스터에 쓰여 있는 문구입니다. 영화를 본 후 이 문구가 약한 표현이라는 생각이 들었습니다. "A war is a destruction or a devastation of a man and a woman." 이렇게 말하고 싶습니다.

1949년에 발표된 『25시』는 루마니아 작가인 버질 게오르규가 자신의 전쟁 경험을 바탕으로 쓴 소설입니다. 어느 정도는 상상력이 동원되었겠지만 많은 부분에서 사실이라는 생각이 들었습니다. 너무나 방

     로사의 고전 영화 산책

대한 분량이라서 영화로 만들기 어려웠을 테고, 제가 본 영상은 많이 압축된 것이라서 전체를 이해하기는 어렵지만 한 인생의 슬픔을 이해하기엔 충분했습니다. 영화의 줄거리를 따라가 보겠습니다.

＊＊＊

1939년 3월 15일, 루마니아의 어느 시골 마을에서 아기의 세례식이 열린다. 가족과 마을 사람들이 모두 모여 축복을 하며 행복한 시간을 보낸다. 아기의 아빠는 요셉이고 엄마는 수잔나로, 이들은 아들 둘을 둔 평범한 농가 사람이다. 요셉은 지식인은 아니지만 건장하고 건전한 사고를 하는 성실한 가장이자 루마니아의 평범한 청년이다. 수잔나 역시 아름답고 가정에 충실한 주부다.

그런데 아름다운 수잔나를 호시탐탐 넘보는 마을의 경찰서장이 있었다. 그는 자신의 권력을 이용해서 요셉을 수잔나에게서 멀어지도록 한다. 그는 문서를 조작해 요셉을 유대인으로 만들어 체코의 수로 공사장으로 보낸다. 그곳은 유대인들의 강제 노동 수용소였다. 1940년 10월 7일, 히틀러의 루마니아 침공이 일어난다. 수잔나는 유대인 가족이 되면 집과 토지를 몰수당한다는 사실에 집을 지키기 위해 할 수 없이 이혼하겠다고 억지 서명을 한다.

한편, 수용소에서 요셉은 자신은 유대인이 아니라고 강변을 하지만 소용이 없었고 부인 수잔나가 유대인으로 인정한 이혼 서류 때문에 그는 유대인이 되고 말았다. 요셉은 수용소에서 만난, 그가 예전에 도와주었던 부유한 유대인의 도움으로 미국으로 향한 탈출에 성공한다. 그들은 우선 당시 유대인의 활동이 비교적 자유로웠던 헝가리에 도착해서 그곳 유대인 집단의 도움을 받으려 한다. 그런데 그곳에서 요셉은 유대인이 아니었기에 도움을 받을 수 없었다. 헤어질 때 도움을 주었던 유대인은 요셉에게 금을 한 덩이 건네주고 스위스로 떠난다.

유대인을 배웅하고 나오던 요셉은 헝가리 경찰에게 체포된다. 러시아산 금을 소유했고 신분증이 없었기 때문이다. 그들은 요셉을 루마니아 간첩으로 오인하고 고문 끝에 헝가리인 노동자 대신 그를 독일 공장으로 보낸다. 당시 루마니아는 독일에 협조하고 있었고 헝가리와는 적대적 관계였다. 1942년 12월, 요셉이 오렌 버그 수용소에서 일하고 있는데 골상학을 연구하는 독일 대령이 그를 보더니 요셉은 다른 혈통이 안 섞인 우수한 아리안 민족의 골상이라고 자신 있게 말한다. 그는 요셉에게 독일 친위대 군복을 입히고 사진을 찍어서 3,800개가 넘는 신문, 잡지에 실도록 한다. 이후 요셉은 신분이 바뀌어 수용소에서 독일 군인으로 근무하며 포로를 감시하는 경비병 일을 한다.

1944년 4월 20일, 러시아의 루마니아 침공이 일어난다. 수잔나는 남편 요셉의 친위대 복장 사진 때문에 피해야 한다는 신부님의 말을 듣고 황급히 아이들을 데리고 고향을 떠난다. 그러나 뒤쫓아 온 러시아군에 붙잡히고 윤간을 당해 노랑머리 러시아 군인 아이를 낳게 된다. 요셉을 수용소로 보냈던 경찰서장 두브레스크는 그가 수용소로 보냈던 청년이 공산당원이 되어 돌아오자 인민재판에 회부된 뒤 총살 당한다. 연합군의 공습이 있던 날, 요셉은 수용자들을 이동시키던 중 동료 독일군을 사살하고 수용자들과 함께 탈출하여 연합군 부대로 간 다. 그러나 그의 독일 군복 사진 때문에 요셉은 주인이 연합군으로 바 뀐 오렘 버그 수용소에 다시 수용된다.

그날 탈출을 함께했던 수용자 중에 트라얀이란 사람이 있었는데, 그는 전쟁이 나기 전 루마니아에서 요셉과 같은 마을 청년으로 요셉 의 친구이며 지식인이었다. 트라얀은 독일군 시절에는 정치범으로 수 용 생활을 했고, 연합군 시절에는 독일의 동맹인 루마니아인이라서 수용소에 갇힌다. 요셉과 트라얀은 수용소에서 고향으로 편지를 보내 며 가족과 고향의 동향을 수소문하고 있었다. 그들은 그동안 여러 차 례 고향에 편지를 보냈지만 모두 독일군 손에서 사라졌고, 이번에는 편지가 잘 전달되어 트라얀에게 답장이 온다.

수잔나는 아이들과 함께 고향을 떠났고, 살아 있지만 어디 있는지 알 수 없으며, 트라얀의 가족과 집은 풍비박산이 나서 고향에 연고가 없어진 상태라는 내용이었다. 절망한 트라얀은 그의 안경을 요셉에 게 주면서 맡아 달라고 한다. 그는 안경을 벗으면 아무것도 볼 수 없었 다. 그는 이어서 산책을 한다. 계속 걸어서 통제 구역까지 간다. 경비 가 더 가까이 오면 총을 쏘겠다고 소리를 지르지만 그는 계속 걸어간다.

그는 죽기 전에 말한다. "25시는 마지막 시간이다. 하루의 일이 다 끝나고 아무도 구원할 수 없는 최후의 시간을 의미한다." 25시란 일상

에서 경험할 수 없는 시간을 말하는 듯하다. 전쟁의 소용돌이 속에서 그들이 경험했던 최악의 시간을 의미하는 것이 아닐까. 그의 손에는 65번째로 쓴 탄원서가 들려 있었다. 상관이 왜 그의 탄원서가 올려지지 않았나 묻자, 부하가 답한다. 이런 탄원서가 너무 많아 다 읽을 수 없다. 트라얀이 수용소에서 이 작품의 원고를 쓴 것으로 나온다.

요셉은 독일에서 뉘른베르크 법정에 선다. 전범들은 대부분 처벌되었고 요셉은 Signal 사진 때문에 법정에 서게 된 것이다. 이 사진은 나치 숭배에 가장 사악한 본보기가 된다는 것이 이유였다. 검사는 행동의 주체들이 처벌되어야 인간성이 치유되고 잊힐 것이라고 말한다. 그러나 변호사는 "요셉은 영문도 모르고 8년이나 전쟁통에 끌려다녔고, 그의 아내 수잔나는 매일 빵을 굽고 문을 열어 놓으며 남편을 기다렸다. 이들 부부를 만나게 해 주는 것이 세계의 평화를 이루는 것이다."라고 한다.

로사의 고전 영화 산책

　1949년 11월 독일의 어느 조그만 역에서 요셉이 내린다. 철길 건너 수잔나와 아이 셋이 아빠를 기다리고 있다. 그들이 만나 포옹을 할 때 기자가 카메라를 들고 나타난다. 그리고 노랑머리 막내 아이를 요셉의 품에 안기고 가족사진을 찍겠다며, 웃으라고 한다. 요셉은 처음에 웃는다. 그 기자의 말이 요셉의 귀에 독일군 명령처럼 들려서 웃는다. 그러나 점점 그의 얼굴은 굳어 가면서 영화는 끝이 난다.

＊＊＊

　안소니 퀸의 마지막 그 표정 연기는 정말 훌륭했습니다. 그들은 아마도 평생 8년간의 전쟁 경험에서 얻은 상처 속에 갇혀 살지 않았을까요.

20170731

삶 위에 드리워진 짙은 외로움의 그림자,
「길」

연도: 1954년 | 국가: 이탈리아 | 감독: 페데리코 펠리니

주연 배우: 안소니 퀸, 줄리에타 마시나 | 원제: La Strada

수상: 제29회 미국 아카데미 시상식 외국어영화상,

제18회 베니스국제영화제 은사자상-감독상

안소니 퀸의 명연기가 돋보이는 영화입니다. 어떻게 그렇게 비통함을 표현할 수 있을까요? 참파노는 젤소미나가 죽었다는 바닷가에서 오열합니다. 무엇 때문에 그렇게 비통하게 울었을까요? 그녀 없이도 오랫동안 잘 지냈는데, 이제 와서 왜? 그는 길에서 태어나 길에서 떠도는 인생이었습니다. 젤소미나가 토마토를 심자 소용없는 짓을 한다고 핀잔했지요. 젤소미나가 자신을 좋아한다고 여러 번 말해도 대답조차 안 해 주었습니다. 그는 어느 것도 자신의 인생에 품으려 하지 않았지요. 이제 영화의 스토리를 살펴볼까요?

＊＊＊

참파노는 젤소미나를 1만 리라에 사 왔다. 그녀의 언니도 참파노에게 팔려갔다가 죽었다고 했다. 그녀의 집은 가난했고, 동생이 4명이나 있었다. 그 돈으로 지붕도 고치고 동생들이 밥을 먹을 것이라고 했다. 젤소미나는 모자라다. 그래서 더 말을 잘 듣고 시키는 대로 할 것이라고, 그녀의 엄마는 참파노에게 울부짖었다. 밥을 잘 먹이면 지금보다 더 나아질 것이라고….

참파노는 떠돌이 차력사이다. 그는 쇠사슬을 몸에 묶고 대흉근을 이용하여 쇠사슬을 끊어 내는 묘기로 돈을 번다. 그에게는 그의 묘기에 흥을 돋을 조수가 필요했다. 젤소미나는 북을 치며 껑충대며 흥을 돋운다. 참파노는 그녀에게 가혹하다. 그녀가 마음에 들지 않게 행동을 하면 때린다. 그래도 그는 밥을 먹여 주고 세상 구경을 시켜 준다고 그녀에게 위세를 부린다.

어느 날 그들은 서커스단에 합류하게 되고, 그곳에서 마노라는 서커스단원을 만난다. 마노와 참파노는 오래전부터 아는 사이인데, 마노는 참파노를 보면 놀려 주고 싶다고 하며 장난을 치다가 싸움이 일어난다. 이후 둘은 경찰서에 구속된다. 마노가 하루 일찍 석방된 날 젤소미나는 인생의 고민을 마노에게 털어놓는다. 그녀는 자신이 아무것도 할 줄 모르는 바보여서 참파노에게도 누구에게도 쓸모없기에 살고 싶지 않다고 말한다. 마노는 "이 세상에는 쓸모없이 생겨난 것은

아무것도 없다."라고 하며 여기 돌멩이 하나도 쓸 곳이 있을 것이고 하나님만이 알 것이라고 위로했다.

　마노의 위로에 힘을 얻어서 젤소미나는 참파노에게 자신이 쓸모 있을 것이라는 희망을 품는다. 그녀는 서커스단을 따라가지 않고 참파노를 기다렸다가 함께 길을 떠난다. 그녀는 이제 집으로 가려 하지 않겠다고 말하며 참파노가 있는 곳이 그녀의 집이라고 말한다. 그리고 조금이라도 참파노가 자신을 좋아하는지 묻지만 참파노는 귀찮아하고 무관심했다. 어느 날 떠도는 길에서 타이어를 고치고 있는 마노를 만난 참파노는 마노를 혼내 주려고 몇 대 때렸는데 마노가 사망한다. 참파노는 자동차 사고로 위장을 해 놓고 다시 길을 떠난다. 그러나 젤소미나는 그 광경에 충격을 받아 정신이 나가고, 쓸모없어진 그녀를 길 위에 버려 둔 참파노는 혼자 길을 떠난다.

몇 년이 지나 참파노가 해변가 어느 마을에서 달콤한 젤라또를 먹으며 산책을 하는데, 익숙한 멜로디가 들려왔다. 그는 그 소리를 쫓아갔고, 그곳에서 몇 년간 잊고 있던 젤소미나의 소식을 듣는다. 그 곡조는 젤소미나가 트럼펫으로 즐겨 불던 이름 모를 곡조였다. 그 곡을 부르던 여인에게 곡을 어디에서 배웠냐고 물었다. 오래전 어떤 여인이 그 마을로 들어와 트럼펫으로 그 곡조를 자주 불곤 했는데 어느 날 바닷가에서 죽었다고 했다. 이 부분에서 안소니 퀸의 명연기가 돋보인다. 어떻게 그렇게 비통함을 표현할 수 있는지? 참파노는 젤소미나가 죽었다는 그 바닷가에서 오열한다. 무엇 때문에 그렇게 비통하게 울까? 그녀 없이도 오랫동안 잘 지냈는데, 이제 와서 왜? 그는 길에서 태어나 길에서 떠도는 인생이다. 젤소미나가 토마토를 심자 소용없는 짓을 한다고 핀잔했다. 젤소미나가 자신을 좋아한다고 여러 번 말해도 대답조차 안 해주었다. 그는 어느 것도 그의 인생 속에 품으려 하지 않았다. 본능을 해결할 수 있는 돈을 얻을 수 있고 세상 구경을 할 수 있다면 그것으로 만족이었다. 그는 싸움도 도적질도 거리낌 없이 했다.

＊＊＊

참파노는 본능을 해결할 수 있는 돈을 얻을 수 있고 세상 구경을 할 수 있다면 그것으로 만족인 사람입니다. 싸움도 도적질도 거리낌 없이 했죠. 하지만 젤소미나와 살면서 그녀의 백치처럼 순수한 행동에 참파노는 조금씩 내적으로 변화하고 있었을지도 모릅니다. 또 그에 대한 그녀의 순박한 사랑을 어렴풋하게라도 느끼고 있었을 것입니다. 하지만 참파노는 그것이 무엇인지 잘 몰랐기에 외면했을 것 같네요.

그는 언젠가 젤소미나를 길 위에서 또 만날 수 있을 것이라는 막연한 생각을 갖고 살고 있었는지 모르겠습니다. 그런데 그녀의 죽음이 그의 무의식 깊은 곳에 쌓여 있던 외로움이란 감정을 솟구치게 했을까요? 그녀의 사랑을 깨달았기에 외로움이 더 진하게 그를 덮쳤을지도 모릅니다. 쉼 없이 밀려오는 파도처럼 그의 가슴에 끝없이 분출되는 슬픔으로 그는 어둠 속에서 쓰러지고 말지요. 하지만 그는 다시 일어나 길로 가겠지요. 길은 그의 인생이니까요.

젤소미나는 밤하늘의 별이 되어 그를 내려다보고 있을지도 모릅니다. 그녀의 사랑을 깨달은 그를 향해 약간의 희미한 미소를 지으며, 울고 있는 그를 향해 더 깊은 슬픔의 눈물을 떨구며….

20170605

엄혹한 바다 한가운데서의 분투,
「노인과 바다」

연도: 1958년 | 국가: 미국 | 감독: 존 스터지스

주연 배우: 스펜서 트레이시

원제: The Old Man and the Sea

원작: 어니스트 헤밍웨이, 『노인과 바다』

수상: 제31회 아카데미 시상식 음악상

어니스트 헤밍웨이의 『노인과 바다』는 정말 유명한 소설이지요? 학창 시절부터 그 제목을 꾸준히 들었던 것 같습니다. 이 책을 읽지 않은 사람도 드물 것 같은데, 흥미 있게 읽은 사람이 많을까는 미지수네요. 저도 학창 시절에 읽었는데 지루했던 기억이 있습니다. 그래도 잘 읽어 봐야 할 것 같아 청년 시절에 다시 책을 잡고 읽어 보았으나 역시 재미가 없었죠. 하지만 소설의 마지막쯤 노인의 배에 묶여 있던 배보다 큰 청새치의 하얀 뼈를 보며 감탄하는 관광객의 모습에서 그곳에 있었다면 저도 감동했을 것 같다는 생각을 했습니다. 이번에는 영화로 도전해 봅니다. 줄거리는 간단해요.

＊＊＊

80대의 노인 어부 산티아고는 최근 84일간 고기를 낚지 못했다. 그에게 어부 일을 배우려는 마놀린이라는 소년이 있었는데, 그의 부모가 더는 산티아고의 배를 타지 말라고 했다. 그러나 소년은 노인에게 깊은 존경심을 지니고 있어서 배는 함께 타지 않아도 그의 출항을 도와주고 그의 집으로 가서 노인의 사소한 심부름을 해 주며 우정을 나눈다.

고기를 잡지 못했던 85일째 새벽, 노인은 홀로 바다로 나간다. 그는 바다로 나가는 수많은 배들 사이에서 고기를 잡는 행운이 오기를 기원한다. 영화 속에서 노인은 바다는 미덕이며, 가끔은 잔인하지만 친절한 여인과 같다고 표현한다. 고기가 잡히지 않는 무료한 시간에 노인은 먹이를 찾아 바다 위를 나는 새들을 바라보며 측은하게 생각했고, 스스로 새들의 친구라고 중얼거린다. 해와 달을 보며 그것들 역시 자신의 친구라고 생각한다. 그는 혼잣말로 계속 중얼거렸고 만약 누가 자신을 본다면 미쳤다고 할지 모르겠다고 말한다. 부자들은 라디오를 배에 가지고 다닌다고 하면서 무료함을 상상의 날개를 펴 달래는 듯하다.

로사의 고전 영화 산책

그러던 중 갑자기 미끼를 단 낚싯줄에서 무엇인가 묵직한 느낌이 노인의 손에 전해진다. 노인은 물고기가 미끼를 물었다고 생각하고, 조용히 낚싯줄을 바다 깊이 풀어 내린다. 아무래도 묵직한 느낌에 큰 것이 걸린 듯하다고 노인은 생각한다. 물고기는 배 아래에서 조용히 헤엄치고 있는 느낌이었다. 노인은 자신의 배를 물고기가 인도하는 대로 둔다. 머리 위의 노을 진 구름을 보고 자신을 덮어 주는 황금빛 커다란 이불이라고 생각하며 노인은 줄을 꼭 잡은 채 밤을 꼬박 새운다. 이튿날이 되자 고기가 요동을 치기 시작한다.

노인은 눈을 의심한다. 배의 먼 앞쪽에서 날뛰는 물고기는 어마어마하게 컸다. 노인이 잡은 고기는 대어였다. 노인은 물고기와 사투를 벌인다. 노인은 이미 기력이 쇠진했고 앞에서 날뛰는 물고기는 그에게 벅차 보였다. 그러나 어부로 살아온 그동안의 노련함이 노인에게 어떻게 해야 하나를 차분히 알려 준다. 노인은 벗겨져 피가 흐르는 손으로 낚싯줄을 꽉 잡고 다른 손으로 작살을 쥔다. 노인은 하루 동안 함께 항해한 물고기에게 정을 느꼈지만 둘 중 하나는 죽어야 한다는 긴박감에 "물고기야 미안하다."라는 말을 수없이 반복한다.

물고기를 배 가까이 유인한 노인은 작살로 물고기의 급소를 단번에 찌른다. 너무 커서 배에 실을 수 없는 물고기를 배 옆에 단단히 묶고 노인은 집으로 향한다. 노인은 평생 이런 행운이 없었다며 이것이 꿈인지 생시인지 모르겠다고도 했다. 그는 배 위에서 꿈을 꾼다. 사자 꿈도 꾸고 황금빛으로 빛나는 아름다운 해변을 보는 꿈도 꾼다. 그런

데 청새치의 피가 바다로 흘러내리자 피 냄새를 맡은 상어 떼들이 청새치를 향해 몰려들기 시작한다.

노인은 배에 있는 온갖 도구들을 이용해서 상어 떼를 쫓아내었지만 역부족이었다. 노인은 눈앞에서 자신이 얻은 행운이 사라지는 모습을 바라보아야만 했다. 기진맥진한 노인이 항구에 도달했을 때 그의 배에는 그가 잡은 커다란 청새치의 하얀 뼈만 앙상하게 매달려 있다. 노인이 돛을 말아 어깨에 지고 집으로 갈 때 힘없이 다섯 번이나 넘어졌다고 한다.

다음 날 아침, 소년이 노인의 집에 왔다. 노인이 떠난 3일간 소년은 매일 노인의 집을 방문했다. 소년은 우유와 설탕을 듬뿍 넣은 커피를 노인에게 가져다준다. 항구에 사람들이 모였다. 모두 노인의 배에 매달려 있던 거대한 하얀 청새치의 뼈를 바라보며 놀라움을 금치 못한다. 영화는 이렇게 끝난다.

   로사의 고전 영화 산책

$$* * *$$

영화 속 노인은 책을 읽으며 상상했던 노인보다 건강해 보였습니다. 책 속에서는 몸은 늙어 왜소하지만 눈빛과 표정이 단호하고 다부지게 생각되는데, 자꾸 헤밍웨이가 겹쳐 보이는데요. 헤밍웨이는 노년에 쿠바에서 20년 살았고, 코히마르 항구에서 바다로 나가 산티아고 노인처럼 바다낚시를 했다고 합니다. 커다란 청새치를 잡고 사투를 벌이는 소설 속 내용은 작가의 상상일 수도 있겠지만, 헤밍웨이는 카리브해를 항해하면서 배 위에서 홀로 시간을 보내며 느꼈던 생각들을 산티아고 노인의 독백을 통해 독자들에게 알리고 있었던 것이 아닐까요?

노인을 곰곰이 생각해 봅니다. 아직 80세라는 나이가 되어 보지 못해 상상만 하지만, 육체적으로 기력이 떨어져서 하고자 하는 일에서 성과를 낼 수 없으니 피할 수 없는 좌절감에 낙담할 것 같습니다. 그렇지만 노인의 머릿속에는 어떤 일을 완성감 높게 할 수 있는 지혜가 가득할 것 같아요. 영화 속에서처럼 젊은 날의 영광을 곱씹으며 자존감을 유지하려고 노력할 것도 같고요. 산티아고는 젊은 시절 어느 날 흑인 운동선수와 밤새도록 팔씨름을 해서 이겨서 챔피언이라 불렸던 그날의 영광을 배 위에서 생각하며 미소 지었지요. 그 장면이 그런 모습을 보여 준 것은 아닐까요?

헤밍웨이는 당시 미국의 베스트셀러 작가였지요. 젊은 시절 인기가 높았는데 말년에는 그렇다 할 만한 책을 내지 못해 낙담했다고 합니다. 그런 자신의 모습이 산티아고 노인에게 투영되었던 것이 아닌지 생각해 봅니다. 무엇인가를 평가할 때 사람들은 결과물을 잣대로 삼는 경향이 짙은데요. 산티아고 노인의 배에 끌려온 앙상한 청새치의 뼈를 보며 우리는 다른 것을 상상해야 할 것 같습니다. 비록 현재의 결과물에서 얻을 것이 없더라도 그 과정이 훌륭했다면 그것도 크게 평가해 줘야 하는 것이 아닐까요? 산티아고 노인이 읊조린 "파멸될 수는 있어도 패배할 수는 없다."라는 유명한 말에서 강한 정신력을 느낍니다. 인생을 깊이 생각하게 하는 매우 상징적인 영화였습니다.

바다!
　그리고
노인!

세상과 나!

20210628

맹목적인 어머니의 희생을 그린,
「밀드레드 피어스」

연도: 1945년 | 국가: 미국 | 감독: 마이클 커티즈

주연 배우: 조안 크로포드 | 원제: Mildred Pierce

원작: 제임스 케인, 『밀드레드 피어스』

수상: 제18회 미국 아카데미 시상식 여우주연상

밀드레드의 인생은 딸, 비다를 위한 희생인 것 같았습니다. 무슨 이유로 그렇게 딸에게 집착했나 생각해도 영화만으로는 모르겠어요. 잠깐 나오는 대사 중에 밀드레드가 형편없는 가정의 출신이라고 했는데, 자신의 열등감을 극복하기 위해 딸을 통해 대리만족하려 했을까요? 소설을 읽었다면 심리 묘사를 좀 더 확인할 수 있을 텐데요. 자 이제 스토리를 함께 보겠습니다.

＊＊＊

바닷가 별장에서 한 남자가 총을 맞고 쓰러지는 장면으로 영화는 시작된다. 그때 그 남자는 밀드레드를 부르며 눈을 감았다. 잠시 후 밍크코트를 입은 미모의 여인이 별장에서 나와 바닷가 다리 위에 서서 투신을 하려 한다. 그때 경찰이 나타나 집으로 돌아가라고 한다. 그녀가 술집 근처를 지나는데, 술집 주인이 그녀를 부른다. 그들은 친구다. 그녀는 그 남자를 데리고 한잔하자며 별장으로 데리고 간다. 그리고 남자만 남겨 놓은 채 문을 걸어 잠그고 별장을 나온다. 잠시 후 그 남자는 집안에서 시체를 발견하고 창문을 부수고 나오다가 순찰 중인 경찰에게 발각된다.

그녀가 집으로 돌아왔을 때, 경찰들이 와서 딸에게 무엇인가를 묻고 있었다. 그녀는 딸을 침실로 올려 보내고 경찰과 함께 경찰서로 간다. 경찰서에는 의심이 되는 사람들이 다 와 있었다. 그녀는 술집 주인 월리에게 누명을 씌워 범인으로 만들기 위해 당황한 와중에 꾀를 낸 것인데, 경찰은 그녀의 전남편 피어스를 범인으로 지목했고 피어스는 부인하지 않아서 그대로 범인이 되는 상황이었다. 그때 밀드레드는 전남편은 좋은 사람이라며 경관에게 그녀의 이야기를 들려준다.

밀드레드와 피어스는 결혼을 하여 딸 둘을 두고 행복하게 살았다. 친구 월리와 부동산업을 하던 피어스는 잘나갔는데 불황이 오면서 손님이 없어지자 월리에게 부동산을 맡기고 실업자가 되었다. 남편이

실업자가 되자 밀드레드는 동네 사람들에게 파이나 케이크를 구워 팔면서 생계를 유지하고 있었다. 그녀에게는 자식을 잘 키우고 싶다는 강한 집념이 있었다. 그래서 없는 살림을 쥐어짜서 아이들에게만은 남부럽지 않은 생활을 제공했다. 큰딸 비다에게는 음악을 가르치고 작은딸 케이에게는 발레를 가르쳤다. 아버지 피어스는 엄마의 과잉보호가 딸들을 망친다고 생각했지만 밀드레드의 생각을 고칠 수는 없었다.

이런저런 갈등으로 그들은 헤어지기로 했다. 혼자가 되어 생계가 막막해진 밀드레드는 식당 웨이트리스로 일하게 된다. 그녀는 낮에는 식당에서 일하고 저녁에는 집에 와서 파이를 구워 팔아 어느 정도 생활이 안정되었다. 그녀는 아이들에게 사교육도 시킬 수 있게 되어 흐뭇했다. 그러나 큰딸 비다는 엄마가 웨이트리스라는 것도 싫고 평범한 작은 집에 사는 것도 못마땅하다며 엄마에게 투덜댄다.

서운한 마음도 들지만 자식을 최고로 키우고 싶은 모성을 건드렸기에 밀드레드는 식당을 내기로 했다. 철저한 시장조사를 통해 적당한 빈집을 발견한 밀드레드는 전남편 피어스의 친구인 월리의 도움으로 1년 뒤에 집값을 주기로 하고 그 집을 빌렸다. 그 집 주인 버라건은 큰 부자인데, 최근에 세금을 못 내서 부동산을 처분 중이었다. 버라건은 밀드레드의 미모에 반하여 그녀에게 좋은 조건으로 집을 팔았다. 영리하고 부지런한 밀드레드는 그곳에서 식당을 잘 경영하여 큰돈을 벌었고 체인까지 운영하는 부자가 되었다.

그러던 어느 날 두 딸이 별거 중인 아버지 피어스와 함께 놀러 갔다. 그곳에서 작은딸은 폐렴에 걸려 죽게 되었다. 밀드레드는 하나 남은 큰딸 비다에게 무엇이든 최고로 해 주었다. 비다는 엄마의 남자 친구인 부호 버라건을 따라다니며 상류사회 클럽에도 가고 부자들이 하는 최고급 취미 생활을 즐긴다. 비다는 자신의 엄마가 기름 냄새 나는 식당 주인인 점을 불평한다. 그리고 여기저기에서 돈도 빌려 쓰고 담배까지 피우는 비다를 보며 실망한 밀드레드는 버라건에게 딸에게 더 이상 영향을 주지 말고 떠나라고 했다. 당시 부자 건달인 버라건도 밀드레드에게 돈을 빌려 쓰고 있는 처지로 전락했다.

어느 날 어느 귀부인이 밀드레드를 찾아와 자신의 아들과 비다를 결혼시킬 수 없다고 했다. 밀드레드가 놀라서 알아보니 백만장자 테드라는 총각과 비다가 주변에 알리지 않고 결혼을 했다는 것이었다. 그들을 법적으로 이혼시키는 과정에서 비다는 테드에게 1만 불의 돈을 요구했다. 비다는 태어날 아기를 위해 받으려 한다고 말했다. 그런데 임신은 거짓말이었다. 그 사실을 안 밀드레드는 비다에게 수표를 빼앗고 찢어 버렸다. 흥분한 딸 비다는 기름 냄새 나는 엄마를 벗어나려면 돈이 필요해서 그랬다고 대들며 엄마 밀드레드의 뺨을 때렸다. 밀드레드는 딸을 집에서 쫓아낸다. 그리고 밀드레드는 착잡한 마음으로 여행을 떠난다.

1달 후 집으로 돌아온 밀드레드는 딸의 행방을 찾는다. "내가 원하는 대로 크지는 않았지만 그 애는 나의 일부이고 잊을 수가 없다."라

　　　　　　　　　　　　　　　　　　로사의 고전 영화 산책

고 하며 딸을 위해 집을 다시 꾸미고 윌리의 술집에서 노래를 부르고 있는 딸을 찾아간다. 그런데 딸은 집에 가지 않겠다고 한다. 엄마 집에서는 행복할 수 없다고 하며 버라건이 보여 준 정도의 삶을 살아야 행복할 것 같다고 말한다. 밀드레드는 버라건을 찾아가 밀드레드 식당 지분의 1/3을 주기로 하고 결혼하자고 했다. 딸을 위해 버라건 집안의 명예를 사려는 것이었다.

그들의 결혼은 신문에 크게 났다. 밀드레드는 딸과 함께 살고 싶어서 사랑하지 않는 버라건과 결혼을 한 것이었다. 전남편 피어스가 비다를 밀드레드 집으로 데리고 왔다. 그들은 비다의 생일파티를 하며 즐거운 시간을 보내는데, 윌리에게 전화가 와서 밀드레드는 식당 사무실에 갔다. 그녀는 파산했다. 이유는 버라건이 식당 지분을 팔아버려서였다. 밀드레드는 서랍 속에 있던 전남편의 권총을 들고 버라건을 찾아 별장으로 갔다. 그녀는 그곳에서 딸 비다와 버라건이 포옹하는 모습을 보고 놀랐는데, 비다는 버라건이 사랑하는 사람은 엄마가 아니고 자신이라고 말했다. 엄마와 이혼하고 자신과 결혼할 것이라고 했다.

밀드레드는 권총을 바닥에 떨어트리고 별장을 뛰쳐나온다. 버라건은 언제 너와 결혼하겠다고 했냐고 멸시하는 말투로 비다를 다그친다. 비다는 버라건을 향해 총을 발사한다. 밀드레드는 권총 소리를 듣고 놀라 뛰어 들어왔고, 비다는 도망가게 돈을 달라고 했다. 밀드레드는 자신이 알아서 처리하겠다고 하며 딸을 떠나보낸다. 밀드레드는 자신이 살인했다고 경찰에게 말한다. 비다를 대신해 살인 누명을 쓰려던 밀드레드! 현명한 경찰은 밤새 진범을 찾아냈고 동이 트는 아침에 밀드레드가 전남편 피어스와 함께 경찰서를 나오며 영화는 끝난다.

＊＊＊

영화 속에서 보여 준 밀드레드의 모습은 당차고 스마트하며 정도를 벗어나는 행동을 하지 않는 합리적인 여성이었죠. 게다가 뛰어난 미모를 갖춘 여성. 밀드레드가 세 명의 남성 각자에게 준 달콤함은 달랐겠지만, 영화에 등장한 세 명의 남성이 그녀를 떠나지 못하고 맴도는 것을 보면 그녀는 매혹적인 여성임이 틀림없습니다. 게다가 출신이 어떠하든 그만하면 훌륭해 보였지요. 한 가지 큰 약점은 딸에 대한 맹목적인 사랑이었습니다. 밀드레드는 자신의 딸이 자신처럼 살지 않고 더 좋은 세상에서 누리며 살기를 바랐어요. 부모라면 품을 수 있는 욕심이니 나무랄 수 없을 것 같습니다.

그런데 딸의 태도가 너무 버릇이 없고 오만합니다. 어쩌면 타고난 성품일 수도 있겠어요. 어머니가 자신을 위해 노력하며 사는 것을 알면 자식들은 부담은 느끼겠지만 인정을 하고 어머니께 감사한 마음을 지니는 것이 평범한 이치가 아닐까요? 그러나 비다는 전혀 그렇지 않았답니다. 타고난 성품도 있겠지만 밀드레드의 맹목적 사랑으로 딸이 훈육되지 않은 점도 한몫했다고 생각되네요.

이 영화는 엄마의 비정상적인 집착으로 망가진 딸의 인생을 그린 것인지, 선천적으로 성품이 못된 딸을 만나 몰락한 엄마의 인생을 그린 것인지 궁금합니다. 그러나 영화가 재미있습니다. 구성도 좋고 미스터리 반전도 보이고 밀드레드 역할을 맡은 존 크로포드의 연기도 멋집니다. 1930~1940년대 영화에서 흔한 필름누아르 영화에 플래시백 기법을 사용했죠. 경찰서에서 회상하는 그녀의 인생이 그것이었어요.

20190107

하나님의 뜻을 따라서,
「솔로몬과 시바의 여왕」

연도: 1959년 | 국가: 미국 | 감독: 킹 비더

주연 배우: 율 브린너, 지나 롤로브리지다

원제: Solomon And Sheba

이 영화는 종교적 색채가 짙습니다. 기독교인들에게는 당연하게 받아들일 내용이겠지만 타 종교인들에게는 그렇지 않을 것 같습니다. 하나님의 선택이 사건의 중심이라는 메시지가 있어요. 하나님의 말씀에 따라 나라가 세워지고 번영하고 하나님의 뜻을 어기면 큰 벌을 받는다는 교훈적인 내용이 영화의 흐름이 되겠네요. 그렇지만 인간적인 고뇌도 풀어내고 있어요. 사람들이 시바의 여왕과의 사랑으로 그를 지탄할 때 솔로몬은 인간적으로 괴로워합니다. 그는 어리석은 자가 높은 자리에 앉았다고 자책도 합니다.

                                    ＊＊＊

　다윗 왕은 임종을 맞이하여 후계자를 지목한다. 다윗 왕에게는 두
아들이 있었는데, 형인 아도니아는 용감한 장수였고 욕망이 많은 사
람이고, 동생 솔로몬은 시 읊기를 좋아하고 지혜롭고 온화한 성품이
었다. 다윗 왕은 이스라엘이 평화롭기를 바라며 동생인 솔로몬에게
왕위를 물려준다. 당시 이스라엘과 이집트는 적대 관계였고, 그들의
국경에서는 항상 분쟁이 있었다.

　영화 속에서 여러 주변 국가 왕들이 모여 이스라엘에 대해 말하고
있다. 그들은 모두 이집트 파라오를 추종하는 국가의 왕들이었고 파
라오에 협조하지 않는 이스라엘에 대해 성토 중이었다. 당시 이스라
엘은 솔로몬이 집권 후에 태평성대를 이루며 그들의 유일신을 위한
거대한 신전도 짓는 등 번영한다. 그리고 이들 왕 중에는 시바의 여왕
도 있었다.

　남성 왕들은 전쟁으로 이스라엘을 혼내주자고 했지만, 시바의 여왕
은 다른 제안을 한다. 자신이 이스라엘로 직접 가서 이스라엘의 약점
을 찾아오겠으니, 그 대가로 어떤 항구를 달라고 한다. 시바의 여왕이
예루살렘에 도착할 때 그 행렬은 길었고, 굉장히 호화로운 보물들을
선물로 가져왔다. 그 규모로 볼 때 솔로몬이 받았던 모든 선물 중 가
장 훌륭했다고 성서에 기록되어 있다.

　시바 여왕은 솔로몬을 유혹한다. 솔로몬은 아름답고 영악한 시바

여왕의 유혹이라는 것을 알면서 여왕에게 빠져든다. 심지어 시바 왕국의 잡신 숭배 의식을 예루살렘에서 할 수 있게 허락한다. 그로 인해 예루살렘에서는 솔로몬에 대한 원성이 높아지고 있었다. 유일신 국가에서 왕이 우상을 숭배하는 의식을 하게 했으니 솔로몬은 국민의 불신을 받게 된다. 이스라엘의 12지파 수장들도 신전을 지키는 선지자도 솔로몬에게 등을 돌린다. 하나님의 노여움으로 신전도 파괴된다.

동생에게 왕위를 빼앗기고 불만 속에서 살아가던 솔로몬의 형 아도니아는 파라오에게 가서 솔로몬을 칠 수 있도록 군사를 달라고 한다. 그는 파라오에게 충성하겠다고 말한다. 12지파의 도움조차 못 받은 솔로몬은 전투에 나가지만 첫 전투에서 크게 패하고 밤이 되어 들판

    로사의 고전 영화 산책

에 숨어 있게 된다. 그 사이에 아도니아는 예루살렘으로 들어가 자신이 이겼다고 선언하며 신전에 피해 있던 시바의 여왕을 이스라엘 사람들에게 돌로 쳐 죽이라고 한다.

한편 날이 밝아지고 솔로몬은 마음이 바뀐 12지파의 원군으로 대열을 정돈하여 파라오의 군대와 일전을 벌인다. 하나님의 도움으로 솔로몬은 지혜를 발휘해 독특한 전략으로 전쟁을 승리로 이끌고 예루살렘에 입성한다. 성안에서 스스로 왕이 된 형 아도니아와 한판의 검투를 벌이던 중 솔로몬의 칼은 형을 찌른다.

솔로몬은 돌 세례를 받고 쓰러져 있던 시바 여왕을 데리고 신전으로 들어간다. 시바 여왕은 솔로몬이 전쟁에 나갔을 때 이스라엘 신전에서 솔로몬이 살아 돌아올 수 있도록 하나님께 기도했고, 자신도 유일신을 믿겠다고 신전에서 다짐했다. 신전에서 하나님은 시바 여왕의 상처를 말끔히 낫게 해 주신다. 시바 여왕은 솔로몬에게 임신했다고 말하고, 솔로몬은 이스라엘에서 함께 살자고 말했지만 시바 여왕은 자신의 왕국으로 돌아가겠다고 말한다. 여왕은 자신은 유일신을 믿을 것이고 장차 태어날 아이가 자신의 왕국을 다스릴 것이라 선언한다.

＊＊＊

“이렇게 된 일은 이렇게 될 일이었다. 헛되고 헛되다. …
모든 것이 헛되도다.”

이 이야기는 기원전 1000년쯤의 이야기입니다. 솔로몬과 시바 여왕이 만난 것은 구약 성서의 기록으로 확인되며 구약 성서는 유대인의 역사서이니까 사실로 봐야죠. 그러나 영화 같은 이야기는 후손으로 내려오면서 상상력이 가미되어 전설이 되었을 수도 있겠다는 생각이 듭니다. 당시 시바 왕국은 이스라엘보다 훨씬 잘사는 나라로 추정된다고 하지요. 이들이 만났다면 아마도 교역 때문이었을 것이라고 쓰인 것을 읽었답니다.

20180212

아직 끝나지 않은 이야기,
「슬픔은 그대 가슴에」

연도: 1959년 | 국가: 미국 | 감독: 더글러스 서크

주연 배우: 라나 터너, 산드라 디, 존 게빈

원제: Imitation of Life | 원작: 패니 허스트, 『Imitation of Life』

수상: 17회 골든 글로브 시상식 여우조연상

이 영화는 오래전부터 알았지만, 원제목이 'Imitation of Life'라는 것을 이번에 알게 되었습니다. '슬픔은 그대 가슴에'로 이미지가 고정되었었는데, 원제목을 알고 나니 영화가 새로운 각도에서 보입니다. 영화의 줄거리를 소개해 보겠습니다.

* * *

로라는 남편과 사별하고 어린 딸 수지를 데리고 뉴욕으로 왔다. 그녀는 뉴욕에서 스타가 되려는 야망이 있었다. 스타가 될 만한 출중한 외모와 연기력도 지녔다고 스스로 생각하는 듯하다. 뉴욕에 온 어느 날 로라는 사람들이 붐비는 해수욕장에서 딸 수지를 잃어버린다. 수지는 같은 나이 또래인 사라라는 아이와 재미있게 놀고 있었다. 경찰의 도움으로 로라는 딸 수지를 찾았다. 사라의 엄마 애니는 흑인이었는데, 사라는 백인의 피부로 태어났다. 이들 모녀는 갈 곳이 없는 처지였다. 애니는 로라에게 자신을 가정부로 써 주기를 부탁한다. 로라는 경제적 사정이 어려워 그럴 수 없다고 했고, 그날 하룻밤만 재워 주기로 하고 함께 집으로 간다.

스티브는 군대를 갓 제대한 청년으로, 사진작가 지망생이다. 그는 아이를 잃어버리고 정신없이 헤매는 로라를 발견하고 그 모습을 사진기에 담는다. 수지와 사라가 재미있게 놀고 있는 익살스러운 장면도 사진기에 담는다. 사진을 보내 주기로 하고 그는 로라의 거처를 알아낸다. 이렇게 주인공들은 해변 피서지에서 운명적으로 만나게 된다. 애니는 눈치가 빠르고 지혜로운 여인이다. 그녀는 로라의 집에 도착한 후 로라와 수지의 입맛에 맞게 집안일을 척척 잘 해냈고, 수지는 사라와 잘 놀고 있어서 로라는 애니 모녀와 함께 살기로 한다.

스티브는 로라에게 반하여 사랑을 고백했다. 오디션에 떨어져서 마땅한 배역을 받지 못해 실망한 로라가 스티브의 사랑을 받아들이려할 때쯤 에이전시의 연락을 받는다. 그녀는 선택되었고 스티브와 헤어진다. 로라는 영화를 촬영하는 중 작품에 대해 제작자에게 조언하

   로사의 고전 영화 산책

는 등 활동적인 모습을 보여 주었고, 타고난 미모와 연기력으로 주연급 배우로 인정을 받게 된다. 그녀는 배우로 어느 장르에서 최고가 되어 있었다. 로라와 애니 가족은 큰 저택에서 부유하게 살게 된다. 이렇게 로라가 성공할 수 있었던 것은 살림과 수지의 육아를 전적으로 맡길 수 있는 애니가 있었기 때문이었다.

애니의 딸 사라는 자신의 엄마가 흑인인 것이 싫었다. 애니는 백인 아빠와 흑인 엄마 사이에서 태어난 혼혈아다. 그녀의 피부는 백인처럼 흰색이었다. 학교에서 백인 행세를 하는데 흑인 엄마가 찾아오자 창피함을 느꼈고, 백인과 흑인이 속까지 다른지 알아본다면 수지의 팔뚝에 상처를 내 피의 색을 비교해 보기도 했다. 남자 친구가 생겼을 때 그녀는 자신이 백인인 것처럼 행동했고, 그것이 들통이 나서 버림

받게 된다.

사라는 자신을 애지중지 키워 준 흑인 엄마를 거부한다. 그녀는 집을 뛰쳐나갔고 생계를 위해, 그리고 세상에 반항하며 술집 댄서로 일한다. 그것을 알게 된 그녀의 엄마 애니는 크게 실망하고, 지병이 악화해서 시름시름 앓다가 세상을 떠난다. 애니는 신실한 기독교 신자였기에, 이 세상을 사는 동안 남에게 선한 일을 하려고 노력했다. 그녀는 하나님 나라로 가는 자신의 장례식만큼은 호화롭게 해 주기를 바라며 자신의 장례비용을 로라에게 맡긴다.

또 다른 영화 속 문제는 스티브와 로라가 헤어진 후 10년이 지났을 때 일어난다. 스티브는 로라를 잊지 못해 다시 찾아온다. 당시 배우로 바쁜 나날을 보내던 로라는 수지를 애니와 스티브에게 부탁하는데 수지가 스티브를 짝사랑하게 된다. 그러던 어느 날 수지는 스티브가 사랑하는 사람이 엄마인 로라인 것을 알고 실망한다. 엄마 로라도 수지가 스티브를 짝사랑하고 있다는 사실을 알고 놀란다. 애니의 장례식 날 사라는 엄마 애니의 사망 소식을 듣고 달려와 오열을 한다. 해결되지 않은 문제들을 가슴에 품고 로라, 수지, 사라 그리고 스티브는 한 차를 타고 애니의 장례 행렬에 참여한다.

＊＊＊

영화는 끝이 났는데 그들의 이야기는 끝나지 않은 듯 보입니다. 영

　로사의 고전 영화 산책

화감독은 아직 끝나지 않은 그들의 문제들을 그들이 타고 있는 승용차 안으로 모두 밀어 넣고 영화를 끝낸 것만 같아요. 그들의 문제를 잘 조율해 주던 애니가 없는 세상에서 스스로 풀어야 할 문제들, 선명한 해결책이 떠오르지 않는 그런 문제들이죠. 많은 이들이 얽혀 있는 인생이니, 깔끔한 결론을 기대하기란 어렵겠지요.

이 영화는 두 개의 축으로 이야기들이 엮여서 흘러갑니다. 하나는 로라라는 백인 여인의 인생 이야기이고, 다른 하나는 사라라는 흑백 혼혈아의 운명적 인생 이야기죠. 로라의 이야기는 역경을 이기고 자신의 야망을 성취한 것으로, '미국은 기회의 나라'라는 말과 잘 어울리는 이야기입니다. 물론 성공을 위해 개인이 감수해야 할 복잡한 갈등 이야기들도 있었고요.

사라의 이야기는 미국의 인종차별에 대한 슬픈 이야기입니다. 미국에서 일어났던 흑인의 사회적 위치에 대한 고발인 것도 같지만, 사라라는 아이의 정체성에 대한 혼란을 통해 인간 본성에 대한 고찰합니다. 속은 같은데 겉이 달라 받게 되는 차별에 대한 깊은 성찰을 요구하기도 합니다. 다른 각도에서 1950년대의 영화임을 생각하면 사라를 통해 변해가는 흑인들의 생활과 사회적 지위를 꼬집은 것일 수도 있겠다는 추측도 듭니다. 노예였던 흑인들이 세월이 흘러 신분이 자유로워진 것 이외에 경제적인 풍요까지 얻어 백인들의 삶을 모방하는 흑인들의 삶을 말하고 있는 것은 아닐까요? 또 사라와 같이 근본은 흑인이면서 생활은 백인과 같은, 당시 백인으로 인정하기 어려운 그런 상황을 말하고 있는 것은 아닐까요?

아주 오래전에 EBS 명화 극장을 통해 이 영화를 보았습니다. 당시 삭제된 필름 없이 영화를 다 보여 주었나 모르겠는데, 혼혈아 사라와 흑인 엄마 애니의 이야기가 너무 충격적이어서 지금까지도 그 부분은 또렷하게 생각이 나네요. 다시 보니 새롭습니다

20190401

 로사의 고전 영화 산책

몰락한 황실의 막내 공주,
「아나스타샤」

연도: 1956년 | 국가: 미국 | 감독: 아나톨 리박

주연 배우: 잉그리드 버그만, 율 브리너 | 원제: Anastasia

수상: 제14회 골든글로브 시상식 여우주연상,

제22회 뉴욕비평가협회상 여우주연상, 제29회 아카데미 시상식 여우주연상

1918년 러시아 혁명이 일어나 러시아 로마노프 황실이 몰락하고 황제와 그의 가족은 총살을 당합니다. 황제 부부와 1남 4녀는 그들의 측근 하인들과 지하실에서 모두 총살을 당했는데요. 그때 17세였던 막내 공주 아나스타샤는 옷에 숨겨 둔 다이아몬드에 총알이 튕겨 나가서 죽음을 면했고, 어느 병사에 의해 간신히 목숨을 부지했다는 소문이 돌았다고 합니다. 혁명이 일어나 새 세상이 되었다 해도 옛 왕조 시대를 그리는 사람들은 있게 마련이겠죠. 그래서인지 사람들에 의해 마지막 공주에 대한 소문은 점점 크게 번져 나갔습니다.

*＊＊

　파리에서 열리는 러시아 부활절 행사에 파리에 있는 많은 러시아 사람들이 모여든다. 그러는 중 한 여인이 상점에 진열된 러시아 황실의 사진을 물끄러미 바라보더니 인파 속으로 들어간다. 그때 한 남성이 다가와서 수용소에 있던 아나 클로프냐고 묻는다. 그녀는 당황하여 그 남자를 뿌리치고 도망치듯이 센강으로 간다. 그리고 죽음처럼 검은 강물을 바라보는데, 그녀를 쫓던 남성이 그녀를 잡아당긴다.

　몇 남성들이 그녀를 레스토랑 지하실로 데려간다. 그들은 러시아 마지막 공주인 아나스타샤와 외모가 닮은 여인을 찾고 있었다. 그녀를 교육해서 아나스타샤 공주로 만들고 러시아 황제의 유산 1,000만 프랑을 가로채려는 음모를 꾸미고 있던 것이다. 그녀는 외모도 비슷했고 열차 폭발사고로 온몸에 상처까지 있었다. 그리고 기억상실증에 걸린 상태였다. 사기단의 우두머리는 러시아 황제의 군대 대령이었던 보이닌. 그는 그녀에게 황실의 사진을 보여 주며 여러 가지를 알려 준다. 하지만 그녀는 이 연극을 하지 않겠다고 한다.

　그러나 그녀는 황족의 앨범을 보면서 마치 알고 있다는 듯 사소한 것을 먼저 말하기도 한다. 그녀는 그들이 알려 주는 황실 내용을 잘 따라 외울 만큼 영리했고 품위도 있었다. 교육이 완성되었을 때 보이닌은 많은 러시아 귀족을 모아 놓고 그녀가 진짜 아나스타샤인지 구별할 기회를 만든다. 많은 수의 귀족이 그녀를 믿지 않았지만 그녀는 가끔씩 황실 사람과 같은 말과 행동으로 혼란을 주었기에 51명의 귀족 중 18명이 아나스타샤가 맞다고 답한다.

코펜하겐에 니콜라이 황제의 어머니인 황태후가 외롭게 과거를 추억하며 살고 있었다. 보이닌은 황태후가 승인하면 한 번에 끝난다고 생각하고 코펜하겐으로 그녀를 데리고 간다. 하지만 황태후는 그녀를 만나기를 거절한다. 황태후는 그녀가 가짜라고 생각했다. 보이닌은 안면이 있는 황태후의 시녀를 통해 황태후가 폴 왕자와 함께 오페라를 보러 가는 것을 알아낸다. 그래서 아나스타샤를 데리고 극장으로 가 황태후의 건너편에 자리를 마련한다. 그곳에서 아나스타샤는 할머니를 보고 감격하는 표정을 짓는다. 그럼에도 황태후는 만나기를 거절한다.

한 가지 수확은 폴 왕자를 만난 것이다. 폴 왕자는 아나스타샤와 약혼을 약속했던 사이였다. 그들은 만나서 데이트를 한다. 폴 왕자는 그녀와 옛날이야기를 하며 그녀가 아나스타샤라 생각한 듯하다. 폴 왕자는 황태후에게 그녀를 만나 볼 것을 권한다. 황태후는 그녀를 잘 교육받은 사기꾼이라고 말하며 거절했다가 다시 마음을 바꾸어 한 번 만나 보기로 한다. 황태후가 그녀의 호텔로 방문한다. 아나스타샤는 몰락한 왕가의 외로움을 이야기하고 황실에서 일어났던 일들을 말한다. 황태후는 사소한 부분까지 알고 있는 아나스타샤에게 내심 놀라지만 교육이 잘되었다고 생각하며 매몰차게 거절한다.

그때 아나스타샤는 절망으로 기침을 한다. 황태후가 아프냐고 묻자, 아나스타샤는 겁이 나면 기침을 하게 된다고 말한다. 그러자 황태후는 그녀가 자신의 손녀딸이라고 확신한다. 황태후는 그녀의 이름을 부르며 안아 준다. 아나스타샤는 며칠간 황태후와 함께 머물며 아무도 만나지 않는다. 세간에서 관심이 폭증하고, 기자회견이 열린다. 기자들이 집요하게 질문한다. 질문에 답을 할 수 없게 되었을 때 보이닌은 공주가 아직 충격에서 회복되지 않았다고 하며 질문을 멈추게 한다.

무도회장에서 폴 왕자와 아나스타샤는 약혼을 발표하기로 약속한다. 보이닌은 무도회장에서 폴 왕자와 춤을 추는 아나스타샤를 불편한 눈빛으로 바라본다. 그리고 황태후에게 떠나야겠다고 말한다. 눈치를 챈 황태후는 폴 왕자와 결혼을 원하는지 아나스타샤에게 묻는다. 황태후는 보이닌과 아나스타샤가 서로 좋아하는 것을 알고 떠나

  로사의 고전 영화 산책

라고 말한다. 황태후가 폴 왕자와 함께 옛 러시아 귀족이 즐기고 있는 파티장으로 가서 연극은 끝났다고 말하며 영화가 끝난다.

＊＊＊

이 영화는 1956년 작품인데, 아나스타샤에 대한 소문만 무성하고 진실 공방이 진행되고 있던 시기에 만들어져 끝이 엉성한 것 같습니다. 결론은 아나스타샤는 당시 가족과 함께 죽었고, 이 사건은 가짜 행세를 한 사기극으로 판명이 났습니다. 1991년 DNA 검사를 통해 확인된 사실이지요. 그러나 아직도 DNA 검사가 조작되었다고 믿는 사람들이 있을 정도로 미스터리에 싸인 사건입니다. 그녀가 황실에서 일어난 가족만 알 수 있는 작은 사건들까지 알고 있었던 점도 의아하지요.

사기극의 주인공인 그녀는 러시아 황실의 유산은 못 받았습니다. 하지만 아나스타샤 공주에 대한 사람들의 많은 관심 때문에 이 이야기가 영화로, 애니메이션으로 만들어져 많은 돈을 벌 수 있었고, 그녀를 후원하는 사람들도 많아서 잘 살았다고 하지요. 67세의 나이에 그녀에게 관심이 많은 미국인과 결혼해서 살다가 82세에 세상을 떠났습니다. 세기의 미스터리인 이 사건은 사람들의 관심 속에서 지금도 기억되고 있으니, 아직도 끝나지 않은 것 같습니다.

20180305

진득한 공포와 마주하게 되는,
「이창」

연도: 1954년 | 국가: 미국 | 감독: 알프레드 히치콕

주연 배우: 제임스 스튜어드, 그레이스 켈리

원제: Rear Window

끔찍한 사건은 끔찍한 상황에서보다는, 평화롭고 평범한 생활 속에서 일어나고 있다는 사실을 말해 주는 영화입니다. 사람들이 예기치 못하게 타인에 의해 관찰의 대상으로 전락할 수 있다는 두려운 현상을 이 영화가 말해 주고 있는 것 같습니다. 그럼 내용을 함께 보실까요?

*＊＊

아파트 창에 걸린 커튼이 하나씩 올라간다. 서민들이 사는 임대 아파트가 실체를 드러낸다. 아파트의 뒤창(rear window)으로 밀랍 인형 같은 사람들의 모습이 나타난다. 그들이 움직이기 시작한다. ㅁ 자 형태를 지닌 뒤뜰이 보이고 좌측으로 보이는 좁은 골목길이 외부로 통하는 유일한 곳이다.

해 뜨는 아침, 음악가 아저씨는 라디오에서 흘러나오는 상기된 아나운서 목소리를 들으며 턱에 있는 하얀 거품을 걷어낸다. 3층의 아이가 없는 부부는 베란다에 매트리스를 깔고 머리를 서로 반대쪽으로 두고 잠을 잔다. 2층의 발레리나 아가씨는 반나체의 모습으로 나타나 속옷을 입고, 긴 다리를 하늘을 향해 뻗으며 커피 주전자에 불을 지핀다. 발레리나 아가씨가 춤을 추기 시작하자 1층의 뚱보 아줌마는 천장을 바라본다. 방금 전 결혼한 신혼부부가 방으로 들어온다. 그들의 창에서 달콤한 꿀이 뚝뚝 떨어지고 있다. 1층의 창가로 고독녀가 보이고, 작은 창으로 여인의 손과 함께 새장이 나타난다. 골목길에서 옷을 말끔히 차려입은 남자가 출근한다. 2층 외판원은 일을 마치고 피곤한 기색으로 집으로 들어온다. 건너편 침실에 누워 있던 병든 아내는 잔소리를 시작한다. 화가 난 남편은 잡지책을 침대에 내던지고 조리를 들고 뒤뜰 정원으로 내려온다. 뒤뜰에는 간이 휴식 의자에서 1층 뚱보 아줌마가 신문을 보고 있다. 2층 외판원이 장미 정원의 한쪽 화단을 깊이 파헤치자 뚱보 아줌마는 왜 그리 깊이 파헤치냐고 항의를 한다. 외판원은 상관 말라고 소리친다.

어둠이 몰려온 밤, 아파트 뒤창의 불빛이 하나둘 사라지고 정적이 감돈다. 외마디 비명과 함께 무엇이 깨지는 소리가 났지만, 그 후 아파트는 정적에 휩싸였다. 소나기가 쏟아지고 새벽 두 시가 넘어 검은 우비를 입은 외판원이 트렁크를 손에 들고 집을 나선다. 그는 들어왔다 나가기를 반복한다. 술에 만취한 작곡가는 문을 열자마자 소파로 나뒹굴고 2층 발레리나는 그녀를 따라 들어오는 남자를 밀어내고 문을 잠근다. 새벽에 외판원은 말끔히 양복으로 갈아입고 정장을 한 여인과 함께 집에서 나간다.

다음 날 아침, 요란스럽게 아파트가 깨어나고 강아지가 바구니를 타고 3층 베란다에서 내려온다. 지면에 도착한 강아지는 쏜살같이 종종거리며 내달린다. 산책 시간이다. 모든 창이 열렸는데 외판원 아파트 창은 커튼이 드리워져 있다. 잠시 후 외판원은 무엇인가를 살피는 표정으로 창가에 나타났다. 그리고 자신의 외판 가방을 정리한다. 잠시 후 그는 주방으로 가서 식칼과 작은 톱을 꺼내 신문지에 쌌다. 그러고는 피곤한 듯 소파에 누워 잠을 청한다. 산책 중이던 강아지는 장미 화단에 멈춰서 킁킁거린다. 1층 뚱보 아줌마가 강아지를 쫓아낸다.

다시 밤이 되고, 강아지는 바구니 엘리베이터를 타고 집으로 올라간다. 고독녀는 재봉질을 하고 있다. 2층 외판원은 종일 부인의 침실로 들어가지 않다가, 밤이 되자 로프를 사 들고 블라인드가 내려진 부인의 침실로 들어간다. 드디어 창문이 열렸고 외판원은 땀을 흘리며 큰 가방을 싸고 있었다. 부인의 침대는 비어 있었고 잔소리쟁이 부인은 보이지 않았다.

　　　　　　　　　　　　로사의 고전 영화 산책

다음 날 아침, 외판원 아파트에서 트렁크가 배달원들에 의해 실려 나갔다. 외판원은 소파에서 담배를 피우다가 조리를 들고 장미 화단에 물을 주려고 내려왔다. 강아지는 화단 한구석을 킁킁거리며 파헤치고 있었다. 외판원은 강아지를 쓰다듬으며 그곳을 떠나보내고 강아지가 헤쳐 놓은 흙을 화단에 쓸어 담는다.

하늘이 붉게 물드는 황혼 녘, 강아지는 전용 바구니 엘리베이터를 타고 뒤뜰로 내려오고 1층의 고독녀는 예쁘게 치장을 하고 집을 나선다. 그녀가 길 건너 레스토랑으로 들어가 우아하게 자리를 잡는 모습이 골목의 공간을 통해 보인다. 그 순간 우울한 표정의 외판원이 세탁물 박스를 들고 나타났다. 그는 2층으로 올라가 집으로 들어간다. 세탁물을 침대 위에 올려놓고 가방을 싸려는 듯 옷가지들을 내놓는다. 잠시 후 그는 아내의 결혼반지 등 액세서리가 들어 있는 악어 가방을 살핀다. 그 시간, 옆집 작곡가 방에서는 성장한 여인들이 방문하고 명랑함을 가득 담은 술병이 테이블 위에 놓여 있고 떠들썩한 파티가 무르익는다.

어두운 밤, 갑자기 어둠 속에서 외마디 비명과 함께 울부짖는 여인의 목소리가 아파트 전체에 퍼진다. 모든 아파트 뒤창에 불이 켜지고 사람들이 뒤뜰로 머리를 돌린다. 아파트 사람들은 강아지가 무참히 살해되었다는 소식을 접하게 된다. 떠들썩한 와중에 딱 한 집, 외판원의 아파트 창에 불이 켜지지 않았다. 다음 날 아침 외판원이 열심히 벽을 닦고 있는 모습이 창을 통해 보였다.

제프리는 장미 화단의 꽃 배열이 달라진 것을 포착했다. 제프리는 잘나가던 잡지사 사진작가였다. 그는 자동차 경주 사진을 현장감 있게 찍다가 한쪽 다리가 부러져 깁스를 한 채 휠체어에 앉아 온종일 우두커니 아파트 뒤창 밖을 내다보고 있다. 그의 아파트를 자주 찾아오는 사람은 그를 간호하기 위한 중년의 보험회사 간호원과 패션 잡지를 만들고 있는 멋진 여성 리사였다. 리사가 제프리를 더 사랑하고 제프리는 리사가 자신의 아내로 적합한지 저울질하고 있었다. 리사는 같은 옷을 두 번 입지 않는 세련되고 우아한 여성이다. 초일류 패션을 자랑하는 패션 잡지를 운영하고 있다. 리사는 제프리가 위험한 사진을 찍는 대신 자신이 가져다주는 패션 사진을 찍기를 원했고, 그와 결혼하기를 바랐다.

제프리는 휠체어에 앉아서 외부와 연결된 유일한 뒤창으로 주변을 바라본다. 아파트 창 안쪽에서는 밀랍 인형과도 같은 사람들이 나타나 재미있는 퍼포먼스를 하고 사라지고, 제프리는 그 광경을 매일 보니 그들의 행동을 예상할 수 있었다. 또 궁금할 때는 망원 렌즈를 통해 더 자세히 볼 수도 있었다. 아파트 주민들은 제프리의 관찰 대상이었다. 제프리의 상상력과 추리력은 방문 간호사와 리사의 관심을 끌어들이는 데 성공했다. 세 명은 각각 자주 만나 제프리와 함께 추론하며 흥미로운 시간을 보낸다. 외판원의 아내가 없어진 날 제프리는 외판원을 의심했고, 간호사와 리사는 제프리의 추리력을 확신하고 그 사건을 제프리와 함께 파헤친다. 이후 범인은 잡히게 되는데….

  로사의 고전 영화 산책

＊＊＊

영화의 마지막 20~30분에는 극도의 공포를 불러오는 장면들이 전개됩니다. 히치콕이 자신의 마술적 능력을 마음껏 펼쳤다고 생각됩니다. 영화를 보는 사람들은 자신의 상상력을 동원해 화면이 주는 것보다 더 심한 공포심에 휩싸입니다. 그것이 히치콕이 원했던 것이었을지도 모르겠어요. 주인공을 스스로 탈출할 수 없는 극한 상황에 몰아넣고 위협에 직면하게 하는 히치콕의 잔인한 설정은 무서웠죠. 토막 살인에 대한 궁금증을 한층 고조시켰지만 그런 장면은 어디에도 없고 평범한 생활의 현장 속에서 배우들의 대사를 통해 관객이 상상력으로 그림을 그리도록 한 기법도 돋보입니다. 끔찍한 사건은 끔찍한 상황에서만 일어난다는 생각보다 이 영화의 전개부처럼 평화롭고 평범한 생활 속에서 일어나고 있다는 사실을 히치콕은 말하고 싶었던 것 같아요. 사람들이 예기치 못하게 타인에 의해 주시 되는 상황, 때론 관찰의 대상으로 전락할 수 있다는 두려운 현상을 이 영화가 말해주고 있는 것 같았습니다.

영화는 커튼이 걷어지면서 시작되고, 커튼이 내려지면서 끝났습니다. 고정된 공간 속에서 진행되었기에 연극을 본 듯한 느낌이었지요. 사건이 해결되고 다시 평화로운 삶이 펼쳐지는 아파트의 풍경으로 마무리 지어 공포심을 해소해 준 영화의 마지막 전개 또한 히치콕의 재능이라고 생각했어요. '크레셴도'라는 단어가 떠오릅니다. 멋진 영화였습니다. 제프리는 리사의 치마폭에 안주했네요.

20200217

로사의 고전 영화 산책

진정한 영웅은 누구인가,
「자이언트 1부」

연도: 1956년 | 국가: 미국 | 감독: 조지 스티븐슨

주연 배우: 엘리자베스 테일러, 록 허드슨, 제임스 딘

원제: Giant | 원작: 에드나 페버, 『자이언트』

미국의 남부 텍사스의 부호인 빅 베네딕트 가족사를 그린 영화입니다. 한 가족의 생활을 통해 당시 미국인들의 갈등을 묘사했는데, 가족 간의 갈등도 보이지만 변해 가는 사회의 흐름을 따라잡지 못하는 보수적인 가치관으로 혼란을 겪는 상황이 지금 우리들의 모습과 통하는 점이 있어서 가볍지 않은 영화였고요. 그중 가장 부각된 갈등은 인종차별에 대한 것입니다. 백인 우월주의의 중심에 있던 빅이 나중에는 멕시코인을 보호하게 되는 모습을 보여 줌으로써 이 영화의 가치를 더욱 높이는 것 같았습니다.

젊을 때 이 영화를 보았는데, 그때는 빅, 레슬리, 제트의 애정 삼각

관계에 관심이 있었어요. 지금 다시 보니 다양한 인생의 고민이 보이는군요. 영화를 잘못 이해했었다는 생각입니다. 이제 영화의 줄거리를 따라가 보겠습니다. 상영 시간이 길어서 1, 2부로 나누어 집중도를 높였어요.

＊＊＊

여기는 미국 텍사스의 가축 농장. 넓이가 290만 헥타르 정도로, 자동차로 며칠을 달릴 만큼 넓은 땅이다. 이 땅의 소유주는 베네딕트 가문이고 영화 속 주인공은 베네딕트 2세인 빅이다. 그는 소를 키우는 축산업에 종사하고 있다. 베네딕트 가문의 가업이다. 베네딕트가에서 멕시코 땅인 이곳을 헐값에 사들였다고 한다. 그리고 그곳의 주인이었던 멕시코인들을 하인으로 부리고 있다.

빅은 종마를 구하기 위해 메릴랜드주로 온다. 동부는 아주 비옥해 보였다. 말들이 행복하게 초원을 누비고 있었다. 빅은 종마를 사기 위해 농장으로 가는 도중 멋진 말을 발견한다. 동시에 그 말에 타고 있는 아름답고 매혹적인 아가씨에게 시선을 강탈당한다. 그 말은 그녀만이 다룰 수 있는 '전쟁의 폭풍'이라는 이름을 지닌 거친 말이었다고 했다. 서로에게 매혹당한 두 젊은 남녀는 은밀한 데이트를 한다.

레슬리는 이 농장주의 딸이었다. 젊고 부유해 보이는 청년에게 그녀의 가족은 호감을 보인다. 그리고 온 가족이 빅의 사생활을 집요하게 파헤쳐서 그가 총각인 것을 알아낸다. 이후 레슬리와 빅은 결혼식을 올리게 된다. 특히 레슬리는 텍사스를 공부하며 빅에게 적극적으로 다가갔다. 빅은 훌륭한 종마와 함께 아름다운 동부 아가씨를 신부로 맞이하는 행운을 얻게 된다.

그들의 신혼여행은 메릴랜드에서 텍사스로 가는 여정이었다. 레슬리는 꿈에 부풀어 있었다. 남부의 텍사스는 동부의 메릴랜드와는 비교할 수 없는 척박한 곳이었는데, 그곳에서의 안주인 역할이 어떠할지 레슬리는 상상하기 어려웠을 것 같다. 리아타라는 농장의 주인은 빅 베네딕트였고 레슬리는 그의 부인으로 큰 농장의 안주인이 되었다. 그전까지 빅의 누나인 루즈가 베네딕트 농장의 안주인으로 있었다. 그녀는 집안일 뿐 아니라 멕시코 하인들은 잘 다루며 농장 일을 돕고 있었다. 그런데 뜻밖에도 동부에서 동생이 결혼하고 새 안주인을 데리고 왔으니 그녀의 마음이 편치 않았을 것을 예상할 수 있다.

레슬리는 루즈의 예상을 뒤엎고 농장일에도 집안일에도 적극적이었다. 그렇게 집안은 새로운 패턴으로 변해 갔다. 두 여인 사이에는 갈등의 강이 흐르기 시작한다. 굴러들어온 돌과 박힌 돌의 충돌이 생겨난다. 어디서나 발견할 수 있는 고민스러운 상황이다. 결국에 스트레스에 휩싸인 루즈는 스스로 도전한다. 올케 레슬리만 탈 수 있다는 전쟁의 폭풍인 종마에 올라탄다. 다른 사람이 말렸으나 자신은 못 탄 말이 없다며 자신 있게 말한다. 그러다 그녀는 말에서 떨어져 사망한다.

그 시간, 레슬리는 제트가 운전하는 차를 타고 집으로 돌아가고 있었다. 레슬리는 멕시코인들이 사는 마을에 들르기를 원했고 제트는 그곳에 가지 말라고 한다. 베네딕트 가문의 사람들은 그곳에 가지 않는다고 하면서. 그러나 레슬리는 그곳에서 아픈 사람을 돌보고 돌아온다. 그녀는 그들의 비위생적인 생활을 보고 개선을 원한 듯했다. 빅의 반대를 무릅쓰고 의사를 보내 아픈 멕시코인들을 치료해 주었다. 빅은 우리의 의사는 백인들의 의사이지 그들의 의사가 아니라고 말한다. 빅은 인종차별, 백인 우월 사상이 깃든 보수적인 사람이었다.

제트는 베네딕트 가문의 하인이다. 그는 멕시코인이 아니었고 백인이며, 스스로 텍사스인이라고 말한다. 빅과 제트는 사이가 안 좋았고 빅의 누이인 루즈가 제트를 잘 돌보았다. 그런데 루즈가 죽자 제트는 스스로 이곳을 떠나려 한다. 게다가 레슬리를 처음 보는 순간 아름다움에 반하여 항상 옆에서 훔쳐보며 연정을 키우고 있었다. 오르지 못할 나무는 쳐다보지 말라고 했는데, 실수하고 있었던 것이다. 그래서 그의 인생은 많이 꼬이게 된다.

빅의 누이는 제트에게 베네딕트 땅 일부를 유산으로 남겼다. 빅과 주변 사람들은 제트에게 그 땅의 가격을 시세의 두 배로 쳐서 되사려고 했다. 베네딕트의 땅이 다른 사람의 소유가 된다는 것을 빅은 참을 수가 없었던 모양이다. 그러나 제트는 단호히 거절하고는, 그곳의 이름을 '리틀 리아타'라고 짓고 석유 시추를 시작한다. 근처에서 석유가 나왔다는 소문이 돌기 시작했을 때였다. 레슬리가 지나다가 제트의 집을 방문하게 된다. 제트는 레슬리의 결혼사진을 신문에서 스크랩하여 벽에 붙여 놓고 있었다. 그는 그녀를 극진히 대접한다. 레슬리도 제트의 마음을 느낌으로 알 수 있었을 텐데, 리아타의 안주인답게 재치 있고 현명하게 행동한다. 그녀가 떠날 때 리틀 리아타에 남긴 그녀의 발자국에서 석유가 스며 나오기 시작한다. 그렇게 제트는 부자가 되어 가고 있었다.

그사이 빅 베네딕트 가문에 베네딕트 3세가 태어났다. 1남 2녀였다. 아들딸 쌍둥이와 막내는 귀여운 딸이다. 빅은 할아버지와 아버지가 그랬던 것처럼 아들이 자신의 뒤를 이어 농장을 관리해 주기를 바란다. 베네딕트가의 강한 아들이 되기를 희망했으리라. 그래서 빅은 아들에게 억지로 말에 태우는 등 강압적인 교육을 한다. 그 모습을 불편하게 바라보던 레슬리는 남편과 상의 끝에 아이들을 데리고 친정으로 가겠다며 떠난다.

가족을 태운 기차는 떠났고, 이제 빅은 커다란 베네딕트 대지 위에 혼자 남겨졌답니다. 레슬리와 그의 아이들은 메릴랜드에서 즐겁고 행복한 시간을 보내고 있었죠. 아무래도 아이들에게는 메릴랜드가 정서적으로 더 좋을 것이란 생각이 드네요. 반면 텅 빈 큰 집에서 추수감사절을 보내던 빅 베네딕트는 외로움을 참을 수 없어 메릴랜드로 가족을 찾아오게 됩니다. 곧 2부가 이어집니다.

20180813

진정한 영웅은 누구인가,
「자이언트 2부」

연도: 1956년 | 국가: 미국 | 감독: 조지 스티븐슨

주연 배우: 엘리자베스 테일러, 록 허드슨, 제임스 딘

원제: Giant | 원작: 에드나 페버, 『자이언트』

베네딕트 가족은 다시 텍사스 리아타 농장으로 돌아와 일상을 살고 있었어요. 한편 리틀 리아타에서 제트는 루즈의 유산으로 받은 땅에서 석유 시추를 시작했습니다. 오랜 기다림 끝에 그곳에서 석유가 나오기 시작했죠. 그는 금방 부자가 되었답니다. 빅은 제트에게 자신의 농장 이름을 사용하지 못하게 했어요. 그래서 제트는 회사 이름을 리틀 리아타에서 제트 텍사스로 바꾸었습니다. 베네딕트의 땅은 이렇게 나뉘었습니다.

제트 텍사스에서는 석유를 뽑아내고 있는데, 리아타 농장은 소 떼를 방목하고 있었습니다. 주변은 산업화되고 있는데 리아타 농장은 자신들의 가치관에 사로잡혀 깨어나기를 거부하고 있었던 것이었죠. 사람은 자신이 경험하고 지켜온 생각을 버리기 힘든 존재인 것 같습니다. 4차 산업의 혁명이 밀려들어 오고 있는데 현대를 사는 사람들 대부분은 어찌할 바를 모르고 혼란 속에 있는 것을 보면요. 이제 2부의 스토리를 이어서 살펴볼게요.

＊＊＊

어느 날 부자가 된 제트가 빅 베네딕트를 찾아온다. 그리고 리아타 농장에서도 석유를 시추하도록 종용한다. 빅은 자신이 그랬던 것처럼 자신의 아이들이 농장을 지키며 조상의 가업을 잇기를 원한다. 그러나 아들 조던은 의사가 되기를 원했고, 큰딸 주디와 사위 밥은 농장을 하고 싶지만 아버지 농장처럼 크기만 한 구식 농장은 싫다고 한다. 그런 자식들과 갈등하던 빅은 내키지 않지만 자신의 땅에서 석유를 시추하도록 허락한다. 빅의 땅에서도 석유가 나기 시작해서 그들도 많은 돈을 벌어 더 윤택한 생활을 하게 된다.

그런 와중에 제2차 세계대전의 발발로 미국의 젊은이들이 전쟁터로 나가게 된다. 빅의 사위도 전쟁터로 가고 아들처럼 생각했던 앤젤이라는 멕시코 청년도 전쟁에 참가하게 된다. 그리고 앤젤은 전사하여 돌아와서 가족들이 보는 가운데 국가장을 치르는 모습을 보여주어 당시 미국 사회의 안타까운 심정도 표현하고 있었다. 빅의 아들 조

던은 멕시코 여인 후아나와 결혼하고 집으로 온다. 빅 베네딕트로서
는 상상할 수 없는 일이 일어났지만, 베네딕트 부부는 조용히 감내한
다. 빅은 나중에 베네딕트 4세를 보며 이렇게 말한다. 정말 마음에 안
드는 것은 베네딕트 4세가 자신을 닮은 곳이 한곳도 없고, '멕시코 거
지'와 닮았다고….

　제트는 점점 부자가 되었다. 그는 사업 수완이 뛰어났던 듯하다. 그
는 텍사스의 이정표가 될 제트링 공항과 호텔을 설립하고 축하를 하
는 큰 파티를 연다. 텍사스의 유명인사들을 다 초대하고 퍼레이드를
한다. 빅의 가족은 오기로 그곳에 가기로 한다. 지기 싫어서 비행기
한 대를 사서 가족 친척들을 다 태우고 당당하게 향한다. 군중들의 환
호 속에서 제트는 마치 왕처럼 퍼레이드 카를 타고 지나가는데, 그 뒤
로 빅의 막내딸 러즈가 여왕처럼 다른 차를 타고 나타난다. 빅의 가족
은 놀람 그 자체였다. 빅의 집에 제트가 방문했을 때 러즈가 제트를 좋
아하는 것은 알았지만 그렇게 발전할 줄은 몰랐기 때문이었다. 그들
은 아버지와 딸과 같은 생물학적 거리가 있었는데 말이다. 제트는 레
슬리를 연모했지만, 러즈는 그것을 알 길이 없었다.

　제트는 파티에 멕시코인은 들이지 말라고 명한다. 제트는 그곳에
서 왕이었다. 그래서 빅의 며느리 후아나는 호텔에도 입장하지 못하
고, 미용실에서도 차별을 받아 서비스를 못 받는다. 이에 강력히 항의
하던 빅의 아들 조던은 사람들이 보는 가운데 제트에게 폭행을 당한
다. 빅의 가족에게 어이없는 일이 일어난 것이다. 하인이었던 사람에

게 아들이 맞은 것이었다. 그 광경을 바라보던 빅은 제트에게 결투를 신청한다. 그들은 와인 저장소와 같은 창고로 이동한다. 그러나 빅은 술에 잔뜩 취한 제트를 바라보며 상대할 가치도 없다고 경멸하며 나온다.

제트는 파티장으로 돌아와 연설문을 읽다가 그대로 연단에 머리를 박고 쓰러진다. 한편, 빅의 가족은 자신들의 자존심이 상해 좌절하고 있었다. 하지만 멕시코인과 결혼하면 일어날 수 있는 일이 일어난 것이고 제트와 같은 인종차별자들은 많이 있다고 말하며 잊자고 한다. 그 와중에 러즈는 제트를 만나려고 한다. 제트의 청혼을 받았었기 때문이었다. 그녀는 만취 상태로 혼자 남아 독백을 하는 제트를 바라본다. 제트는 레슬리를 부르고 있었다. 그가 사랑했던, 끝까지 마음속으로 포기하지 못했던 러즈의 어머니 레슬리를. 아마도 제트가 역경을 이기고 큰 부자가 된 그 에너지는 레슬리에 대한 사랑과 빅 베네딕트에 대한 질투에서 기인한 것일지도 모른다. 그는 그렇게 자신의 인생을 허비했다. 러즈는 자신도 이용당한 것임을 알았을 것이다. 자신이 믿고 있는 진실이 음모와 거짓으로 만들어진 것임을 알게 된다면 얼마나 좌절할까. 가끔 발생하는 그런 상황들을 보면서 세상을 잘사는 것이 어렵다는 생각이 든다.

빅의 가족은 비행기에 친지들만 태워 보내고 자동차로 여행을 한다. 집으로 돌아오는 도중 빅은 가족에게 햄버거를 먹자고 제안하면서 이제부터 검소하게 살아야겠다고 한다. 햄버거 가게에 들어갔을

때 빅 가족은 멕시코인이 있다는 이유로 입장을 거절당한다. 빅이 자신의 가족이라고 하니 마지못해 주문을 받아 준다. 그리고 빅 자신의 명성을 가게 주인은 모르는 것 같아 실망한다. 당시 사회가 점점 확대되면서 부농이었던 빅의 영역은 작게 축소되고 있는 것을 스스로 실감하고 있었을지 모른다.

그때 식당 안으로 멕시코인들이 몇 명이 들어온다. 주인은 그들을 거절한다. 그것을 보고 말리려다 빅은 주인과 결투를 하게 된다. 쓰러진 빅의 배 위로 가게 주인은 팻말을 던진다. 그곳에는 주인은 손님을 거절할 권리가 있다고 쓰여 있었다. 그렇게 그들은 집으로 돌아온다. 큰아들 조던과 며느리 후아나는 벤시토에서 병원 일을 하고, 큰딸 주디와 사위 밥은 작은 농장을 찾고 있으며, 막내 딸 러즈는 배우가 되고 싶다고 할리우드로 갔다. 그러니 두 노부부는 손자들을 키우며 리아타를 관리하게 되었다.

빅은 자신의 인생은 실패작이라고 말한다. 말 위에 앉았는데 말과 안장이 겉도는 것 같다고. 레슬리는 제트의 호텔에서 돌아올 때까지 자신도 그렇게 생각했다고 했다. 그러나 가게에서 멕시코인들의 편을 들며 빅이 주인과 싸울 때 그가 자신의 영웅이 되었다고 말한다. 그러니까 빅 베네딕트가 자이언트였던 것이다.

＊＊＊

베네딕트 4세, 두 아이들 얼굴이 클로즈업되면서 영화는 끝나요. 펼쳐질 이 아이들의 이야기가 지금의 미국일까요? 이 영화 촬영을 마친 후 반항아의 아이콘인 제임스 딘은 교통사고로 유명을 달리했는데, 이는 당시 너무도 유명한 사건이었답니다. 이 영화는 러닝타임이 무려 3시간 21분입니다. 그래서 1, 2부로 나누어 정리했고 압축을 해도 이야기가 길어졌어요.

20180813

찬란했던 젊음의 광채를 추억하며,
「초원의 빛」

연도: 1961년 | 국가: 미국 | 감독: 엘리엇 카잔

주연 배우: 나탈리 우드, 워렌 비티

원제: Splendor In The Grass

수상: 제34회 미국 아카데미 시상식 각본상

이 영화를 통해 90년 전의 미국 생활상을 볼 수 있습니다. 10대들의 자유분방한 생활, 고등학생에게 자동차를 선물하는 부유한 집의 문화, 석유 시추나 주식으로 부자가 된 사람들, 주식의 폭락으로 망한 사람들…. 온갖 사람들의 군상을 보여 줍니다. 우리 사회에서도 주식의 흥망은 익히 경험으로 알고 있는 것이지만, 그런 사회적 풍경이 우리나라와의 시간 차이가 60년 정도는 되는 것 같아 흥미로웠어요. 버드 아버지의 자식에 대한 집착과 대리 만족을 위한 노력을 보며 우리나라 부모들의 심각한 교육열이 떠오릅니다. 또 도덕과 순결을 강조

하는 당시 미국 부모 세대의 모습은 유교 관습에 젖어 있던 우리 부모님들의 생각과 비슷한 것 같아 흥미로웠죠.

이 영화에는 윌리엄 워즈워드의 시 「초원의 빛」이 자주 인용되는데, 제목도 이 시와 같죠?

한때 그처럼 찬란했던 광채가

이제 눈앞에서 영원히 사라졌다 한들 어떠하리

초원의 빛

꽃의 영광 어린 시간을

그 어떤 것도 되불러 올 수 없다 한들 어떠하리

우리는 슬퍼하지 않으리, 오히려

뒤에 남은 것에서 힘을 찾으리라

지금까지 있었고 앞으로도 영원히 있을

본원적인 공감에서

인간 고통으로부터 솟아나 마음을 달래주는 생각에서

죽음 너머를 보는 신앙에서

지혜로운 정신을 가져다주는 세월에서

- 윌리엄 워즈워드, 「초원의 빛」

시의 구절 속에 영화의 느낌이 강하게 담겨 있습니다. 이제 스토리를 함께 살펴볼까요?

✳ ✳ ✳

1928년 캔자스의 한 마을에서 영화는 시작된다. 디니와 버드는 같은 고등학교에 다니는 커플이다. 버드는 학교 럭비팀의 주장이고 집안도 부유하고 잘생겨서 인기가 좋았다. 디니는 식품 가게를 하는 평범한 가정의 예쁜 외동딸이다. 그들은 서로 사랑하지만 문제가 있었다. 버드는 한참 혈기 왕성하기에 그들의 데이트에서 키스 이상의 행동을 원했다. 디니는 버드를 좋아하지만 순결을 지켜야 한다는 강박증이 있었다. 디니의 어머니는 디니에게 항상 입버릇처럼 말했다. 누구나 신붓감은 정숙한 여자를 원하니 몸가짐을 잘하라는 것이었다. 디니는 데이트 후에 갈등 속에서 힘들어했다.

버드에게도 문제가 있었다. 버드의 아버지는 버드에게 큰 야망을 걸고 있었다. 아버지는 버드가 예일대학교에 가서 동부의 큰 회사에 취직하기를 원했다. 그는 유정(油井) 사업을 하는데, 요즘 석유가 잘 나와 기분이 좋았고, 동부의 큰 회사와 합병의 꿈을 꾸고 있었다. 장차 버드가 그 일을 해내기를 바랐다. 그래서 디니와 사귀는 것을 알고 난 후 책임질 일은 하지 말 것을 부탁했고, 대학을 졸업할 때까지 좋아하면 그때 결혼도 시켜 주고 유럽으로 신혼여행도 보내 주겠다고 버드를 설득한다. 그러나 버드는 2년짜리 농업대학교에 가서 남부에 있는 아버지 농장을 경영하겠다는 꿈을 지니고 있었다.

그렇게 지내던 중, 버드는 디니를 외면하고 다른 여학생과 데이트를 한다. 디니에 대한 사랑이 식었다기보다 얽힌 다른 스트레스들로 그랬던 듯하다. 디니는 실연의 아픔을 이기지 못하고 신경증이 생겼고, 증상이 악화해서 자살 시도를 한다. 그리고 정신요양원으로 보내졌다. 버드는 아버지의 꿈을 이루기 위해 예일대학교에 입학은 했으나 적응하지 못하고 그곳에서 만난 식당 종업원과 만나 결혼하게 된다.

버드의 아버지는 주식이 폭락하여 도산했고, 아들을 만나러 온 뉴욕의 고층 빌딩에서 추락하여 사망한다. 그것은 자살이었다. 당시 뉴욕에는 주식의 폭락으로 자살한 사람들이 많았다고 한다. 디니의 가족도 처음에는 사둔 주식이 올라 그 돈으로 디니를 대학에 보낼 수 있다고 좋아했지만, 이후 디니의 병원비 마련을 위해 주식을 팔았다기에 그나마 폭락한 주식의 피해를 보지 않았다.

디니는 요양원에서 자신감을 회복한다. 그녀는 상담을 통해 부모에게서 독립된 성인의 자아를 스스로 확인한다. 그녀는 그곳에서 아버

로사의 고전 영화 산책

지의 권유로 외과 의사가 되어 스트레스를 이기지 못해 요양원에 오게 된 존의 청혼을 받는다.

2년 6개월 만에 집으로 돌아온 디니는 버드의 집을 찾는다. 그녀는 버드를 만나고 싶어했다. 그녀는 이제 부모에게서 정신적으로 독립을 한 상태였다. 친구들과 함께 버드의 농장을 찾았다. 버드는 이미 결혼을 했고 아들이 있었고 부인은 둘째를 임신하고 있었다. 디니는 버드의 아들을 품에 안았고 그의 부인과 인사를 했고, 버드를 바라보았다. 그들은 아직도 서로 사랑하고 있었다. 그러나 인생은 뜻대로 되지 않았다. 디니는 버드를 등 뒤에 남기고 그녀의 길로 간다.

＊＊＊

버니와 디니, 그들은 서로 못 보고 살겠지만, 마음속에 젊은 날 서로의 모습을 간직하고 있겠군요. 오래전에 본 영화였는데 다시 보니 새로운 영화를 보는 듯 재미있었답니다. 스토리 구성이 치밀한 것 같지 않은데도 영화를 보고 나니 참 잘 만든 영화라는 생각이 드는데요. 이런 것이 감독의 능력이 아닐까요? 엘리엇 카잔. 감독 이름을 다시 봅니다.

20190513

거미줄처럼 얽힌 운명의 비극,
「테스」

연도: 1979년 | 국가: 영국 | 감독: 로만 폴란스키

주연 배우: 나스타샤 킨스키, 피터 퍼스, 레이 로우슨

원제: Tess | 원작: 토마스 하디, 『더버빌가의 테스』

누가 그녀를 더 사랑했을까요? 알렉? 엔젤? 테스를 더 사랑한 사람은 알렉이라고 생각되네요. 테스가 사랑한 남자는 분명 엔젤이겠고요. 착한 여인! 테스는 착한 여인이 맞습니다. 이해타산하지 않고 순수한 생각을 하며 살고 있었으니까요. 운명의 거미줄에 얽혀 파국을 맞지만요. 작가는 테스를 자연처럼 순수하다고 했습니다.

엔젤은 스스로 기존의 습관이나 생각에서 벗어나 진취적인 사고를 하는 듯했으나 테스를 버리고 떠난 것을 보면 기성세대의 사고에 파묻혀 있는 사람인 것을 알 수 있어요. 그는 그녀를 진심으로 사랑하지 않았다고 생각합니다. 그가 더 일찍 테스에게 돌아오든지, 아니면 테

로사의 고전 영화 산책

스가 알렉과 그대로 살도록 돌아오지 않았다면 테스가 살인자는 되지 않았을 것이고 교수형을 당하지 않았을 텐데요. 이제 스토리를 자세히 살펴볼까요?

＊＊＊

해변에 있는 샌더본 별장에서 귀부인 옷차림을 한 테스는 황급히 달려나간다. 엔젤이 그곳을 방문한 직후였다. "It's too late!" 테스는 그녀를 데리러 온 엔젤에게 그렇게 말한다. 그동안 편지로 돌아와 달라고 여러 번 부탁했지만, 엔젤은 답이 없었다. 그녀는 기차역으로 달려가 엔젤이 탄 기차의 칸으로 들어간다. 그녀의 드레스에는 혈흔이 있었고, 그녀는 엔젤에게 알렉을 죽였다고 말한다. 그들은 함께 도피한다. 테스는 알렉에게 처녀를 빼앗긴 때부터 알렉을 죽이고 싶도록 미워했다. 그로 인해 자신의 인생이 엉망이 되었다고 생각하기도 했다.

안개가 자욱한 초록의 평원에서 지평선 위로 붉은 해가 솟아오를 때 경찰은 그녀를 데리러 왔다. 전날 밤 그녀는 하늘에 별이 있기를 바랐다. 그녀는 밤하늘의 별을 보면서 누워 있으면 그녀의 영혼이 하늘로 빨려가는 느낌이 들고 영혼의 정화됨을 느낀다고 했다. 그러나 그날 스톤헨지의 밤하늘에 별이 없었다. 그녀의 마지막 희망까지 이루어지질 않았다.

모든 문제의 발단은 가문에 있었다. 테스는 가난한 농가의 장녀로 그녀의 이름은 테레사 더버필드이다. 어느 날 아버지가 목사로부터 자신의 가문이 훌륭한 기사 가문의 후손이란 말을 듣고 온다. 더욱이 집에 지니고 있던 수저의 문양이 더버빌 가문의 문장(紋章)과 같다는 것을 확인한다. 당시 더버빌은 몰락한 가문이었다. 테스의 부모는 근처의 더버빌가로 그녀를 보내 친척임을 확인하고 도움을 청하려고 한다. 그녀가 더버빌 저택에 도착했을 때 운명의 알렉을 만나게 된다. 더버빌 부인은 장님이고 알렉은 그녀의 외아들이었다. 그들은 스토크 출신 가문의 사람들인데 그들의 부(富)로 더버빌 가문을 사들여 이름을 바꾼 것이었다. 서양이나 동양이나 신분에 대한 열등감은 풀고 싶은 숙제인 듯하다.

알렉은 테스에게 한눈에 반한다. 그래서 그녀를 그의 집에서 일하도록 한다. 그것은 그녀의 집에 도움이 되었다. 그러던 어느 날 사냥터 숲에서 그녀의 아름다움에 취해 그는 그녀를 범하고 만다. 테스는 그를 완강히 거절했고 알렉은 그녀를 잊지 못한다. 집으로 돌아온 테스는 사생아를 낳게 되고 그 사생아는 세례도 못 받고 죽게 된다. 테스는 그 일로 큰 실의에 빠지고, 집을 나와 낙농업을 하는 농가에 취직한다. 그곳에서 엔젤이라는 목사의 아들을 만난다.

엔젤은 기존 기독교의 교리를 탐탁하게 생각하지 않는 진취적인 사고를 지닌 인물이다. 그도 역시 테스에게 마음을 빼앗기고, 그렇게 둘은 결혼을 한다. 결혼 첫날밤 엔젤은 테스에게 과거에 연상의 여인과 불미스러운 일이 있었다고 고백하며 용서를 구한다. 테스는 그를 용

                         로사의 고전 영화 산책

서한다고 하면서 용기를 내어 알렉과 자신의 이야기를 한다. 그러자 엔젤은 당황하며 이제 테스는 자신이 생각하고 사랑했던 그 여자가 아니라고 말하며 떠난다.

　그는 테스에게 집에 가서 기다리면 연락을 주겠다고 했고 브라질로 간다. 그녀는 엔젤이 돌아오기를 기다리며 온갖 험한 일을 하면서 버틴다. 남편에게 여러 번 편지를 보냈는데 답장은 오지 않았다. 그러던 중 알렉은 테스의 소식을 듣고 달려온다. 알렉은 설교사가 되어 돌아왔다. 알렉은 테스에게 도움을 주려고 한다. 테스는 비록 남편이 떠났지만 결혼한 몸이었고, 그의 호의를 받을 만큼 그에 대한 감정이 좋지 않았다. 곤궁한 처지에서도 그녀는 알렉의 도움을 거절한다.

그러다 테스의 아버지가 죽고 테스의 가족은 집세를 낼 수 없어서 거리에 천막을 치고 사는 신세가 된다. 그녀는 연락이 없는 엔젤을 원망했고 엔젤이 자신에게 준 것은 부당한 취급밖에 없었다고 생각하며 그를 잊도록 노력한다. 그리고 가족의 생계를 위해 어쩔 수 없이 테스는 알렉의 호의를 받게 된다. 가족들은 번듯한 집에서 살게 되었고 테스는 알렉의 여인이 되어 그와 한집에서 살게 된다.

＊＊＊

알렉은 처음에는 한량 같은 생활을 하는 것으로 나오지만 악인은 아니었고, 하녀들에게 선의도 베풀었지요. 또 테스를 만나서 그녀를 좋아한 후 그녀와 그녀의 집을 도와주었습니다. 그가 사냥터에서 테스의 순결을 강제로 빼앗은 것이 결정적 실수이었고, 그녀가 떠난 후 그의 생활은 회개하고 정돈되게 사는 것으로 나타났어요. 언제든 그녀가 돌아오길 기다렸고 그녀가 곤궁한 처지에 있을 때 현실적인 도움을 주었던 인물입니다. 테스가 누구의 아내가 된다면 그 누구는 자신이라고 말했던 알렉은 결국 테스의 손에 죽임을 당하는 신세가 되었어요.

변함없이 사랑해 준 여인에게 죽임을 당한 알렉이 자신의 잘못에 대한 벌을 받았다고 생각해야 할까요? 아니면 그녀의 사랑을 얻지 못했기에 불쌍하게 죽임을 당했다고 생각해야 할까요? 혼란스럽네요.

처음 『더버빌가의 테스』를 읽었던 젊은 시절에는 알렉의 죽음에 조금의 동정도 없었어요. 그런데 지금은 느낌이 좀 다릅니다.

『테스』에서는 19세기 후반의 정서와 맞지 않게 여성이 표현됩니다. 이 책이 출판되고 작가 토마스 하디는 사회적 조소와 비난을 받았다고 하지요. 그 후 그는 소설을 쓰지 않았다고 합니다. 당시는 남성우월주의와 혼전 순결이 사회적 통념이었고, 모든 생활이 기독교적 가치관에 맞게 이루어졌습니다. 작가는 테스를 통해 여성의 자아를 표현했어요.

당시 여성은 남성이 하라는 대로 해야 하는 존재였지만 테스는 알렉에게 여러 가지의 모습으로 반항을 하죠. 아버지와 엔젤에게는 순종을 했지만요. 또 자신의 사생아가 아버지의 반대로 세례를 못 받았고 그로 인해 기독교식 장례조차 거부당하자 테스는 하나님을 비난하는 말을 합니다. 그리고 역경에 처했을 때 하나님은 어디에 있냐고 반문하기도 해요. 이 역시 사회적 큰 파장을 일으켰다고 해요.

혼전 순결이란 당시의 사회적 분위기 속에서 여성은 한 번의 실수로(타의든 자의든) 인생이 망가지는 고통을 당해도 당연한 시대였지요. 감히 말할 수 없던 내용을 소설에서 말하고 있었으니 기성세대의 반발을 불러일으킬 만했다고 생각은 되네요. 당시 불합리한 사고의 틀 속에서 고통을 느꼈던 여성들이 적지 않았을 것으로 생각되고, 토마스 하디와 같은 예리한 작가의 눈이 이런 현상을 잡아냈다고 생각합니다.

순수한 영혼의 소유자인 테스가 종교적, 도덕적 비난을 받으며 가여운 영혼으로 비참한 최후를 맞게 되는 이 소설은 사람들에게 새로운 시각을 갖게 했겠죠. 그의 소설로 인해 여성의 신분이 상승하는 신세대로 가는 지름길이 열렸다고 생각합니다. 당시는 비난을 받았지만 토마스 하디는 영국인들이 존경하고 사랑하는 대작가입니다.

20170515

로사의 고전 영화 산책

변하지 않는 광기의 사랑,
「폭풍의 언덕」

연도: 1939년 | 국가: 영국 | 감독: 윌리엄 와일러

주연 배우: 메르 오베론, 로런스 올리비에

원제: Wuthering Heights | 원작: 에밀리 브론테, 『폭풍의 언덕』

『폭풍의 언덕』은 1847년에 발표한 에밀리 브론테의 소설입니다. 이 이야기는 소설이 발표되던 시점에서 수십 년 전, 18세기 후반~19세기 초의 이야기인데요. 이 영화를 보면서 현대적 감정으로 사건을 해석한다면 이해하기 곤란한 점이 발생할 것 같습니다. 저는 아주 오래전 학창 시절에 이 책을 읽었어요. 필독서 목록에 항상 등장했지요.

그런데 아무런 기억이 나지 않고, 딱 한 가지, 히스클리프의 광기 어린 모습만 생각납니다. 물론 소설을 읽으며 어린 제가 만들어 낸 모습이겠죠. 캐서린의 시체를 끌어안고 광야를 헤매는 음습하고 괴기스러운 모습이었습니다. 이번에 영화를 보면서 다시 내용을 이해하게 되었습니다. 그런데 영화의 내용은 책과 다른 점이 많다고 해요, 그래도 이것이 가장 원작에 가깝게 만든 영화라는 평입니다.

＊＊

　아무도 찾아오지 않을 것 같은 황량한 곳, 한 나그네가 길을 잃고 헤매다가 워더링 하이츠라는 이름의 언쇼 저택에 찾아온다. 음침한 그 집에는 히스클리프와 그의 아내 이사벨라와 그 집 하인 조세프, 엘렌이 있다. 나그네는 위층 방 하나를 얻어 잠을 자려 했다. 너무나 오랫동안 사용하지 않은 방이었다. 잠을 청했지만 들창이 덜컹거려 문을 닫으려고 손을 바깥으로 내미는 순간 차가운 손이 나그네의 손을 잡으며 들여보내 달라고 사정을 하는 소리가 들린다. 나그네는 놀라 뛰어 내려오며 누가 밖에 있다고 말한다. 그 소리를 듣고 히스클리프는 캐서린을 부르며 눈보라 치는 광야로 뛰쳐나간다. 그리고 그 집에서 캐서린을 돌보았던 하녀 엘렌이 놀란 나그네에게 40년 전의 이야기를 들려주기 시작한다. 그렇게 영화는 과거를 기점으로 전개된다.

　그 옛날 언쇼 저택은 웃음이 끊이지 않는 행복한 집이었다. 그 집에는 언쇼 씨의 아들 힌들리와 딸 캐서린이 살고 있었다. 그들을 돕는 엘렌과 조세프가 있고, 아이들의 엄마는 없었으며, 언급조차 안 된다. 어느 날 언쇼 씨는 리버풀에 갔다가 꼬마 집시 아이를 데려온다. 그 아이 이름을 히스클리프라고 지어 주고 언쇼 씨는 정성을 다해 보살펴

　　　　　　　　　　　　　　　로사의 고전 영화 산책

준다. 힌들리는 자신의 영역을 침범당했다는 생각에 히스클리프를 미
워한다. 시간만 나면 싸우고 돌도 던진다. 그러나 웬일인지 캐서린은
히스클리프를 좋아한다. 도와주고 위로해 준다. 기댈 곳 없는 히스클
리프도 캐서린을 좋아했을 것이다.

캐서린은 히스클리프에게 웃는 모습이 멋지다고, 너의 아빠는 중국
의 황제였고 너의 엄마는 인도의 왕비였을 거라고, 해적에게 납치되
어 너는 이곳 영국까지 온 것일 거라고 말한다. 히스클리프는 캐서린
에게 너는 요크셔의 공주라 말하며, 그들, 왕자와 공주는 집 근처 페닌
스톤 바위를 그들의 성으로 만들고 시간이 날 때마다 그곳에 가서 즐
거운 시간을 보내며 정을 쌓아 간다. 그리고 히스클리프는 캐서린에
게 말한다. "어떤 일이 벌어져도 너는 언제까지나 나의 영원한 왕비
가 될 거야."

그러나 언쇼 씨가 죽자 집주인이 된 힌들리는 복수의 마음으로 히
스클리프를 마구간으로 내쫓고 하인으로 부려 먹으며 천대한다. 캐서
린은 그 모습을 바라보며 마음 아파도 어쩔 수가 없었다. 왜 도망가지
않고 이곳에 있냐는 캐서린의 질문에 히스클리프는 캐서린 없이는
못 살 것 같아 그렇다고 말한다. 캐서린도 숙녀가 되어 간다. 캐서린
은 어느 날 근처 부유한 린톤 씨 집에서 열린 무도회를 몰래 훔쳐본
다. 함께 보던 히스클리프에게 자기는 저렇게 살고 싶다고 말한다. 그
리고 히스클리프에게 돈을 벌어 오라고도 한다. 그녀는 갈등을 하는
것이었다. 부자들의 화려한 생활을 동경하면서 히스클리프와는 그렇

게 살 수 없다는 것을 알고 있었던 것이다.

린톤가의 무도회장을 몰래 보던 중, 히스클리프는 개에게 물려 쫓겨나고 캐서린은 며칠 그 집에서 치료를 받고 돌아온다. 그곳에서 린톤가의 아들 에드가의 호감을 산 캐서린은 에드가의 청혼을 받는다. 처음에는 청혼을 거절했지만 두 번째 청혼을 받고 결혼하기로 마음을 먹는다. 그리고 그녀는 히스클리프와 결혼하면 자신도 미천해진다는 이야기를 엘렌에게 했는데, 그 말을 듣고 히스클리프는 좌절하고 떠난다. 캐서린도 후회하고 슬퍼했지만 이미 히스클리프는 떠난 후였다. 캐서린은 에드가와 결혼한다. 가슴속에서 찬바람을 느꼈지만 나름 히스클리프를 잊으려 노력했고 가정에 충실히 산다. 그녀는 자신이 동경해 오던 상류층 생활을 만끽한다.

그러던 어느 날 히스클리프는 멋진 신사가 되어 마을에 나타난다. 그리고 캐서린을 찾아온다. 캐서린은 언제까지 머물 것인가를 묻는다. 히스클리프는 영원히 이곳에서 살 것이라고 말한다. 그는 복수를 하러 온 것이었다. 미국에서 돈을 벌어 부자가 된 히스클리프는 아내를 잃고 쓸쓸히 살아가던 힌들리를 술과 노름에 빠지게 하고, 언쇼 저택을 사들인다. 그는 집주인이 되어 힌들리를 절망감에 빠뜨린다. 그리고 캐서린에게도 복수하려 한다. 캐서린은 안절부절못한다. 히스클리프는 복수의 도구로 에드가의 여동생 이사벨라를 이용한다. 노처녀 이사벨라는 모두가 반대해도 히스클리프와 필사적으로 결혼한다. 히스클리프는 자신에게 마음을 빼앗겨 구애하는 이사벨라와 결혼한

                    로사의 고전 영화 산책

뒤 그녀를 냉대한다. 이사벨라가 애원해도 마음속으로 캐서린만 생각한다.

위더링 언덕의 집에는 히스클리프의 증오가 가득하다고 했다. 히스클리프는 말한다. "나는 왜 태어났나? 인생은 사랑의 굶주림과 고통이 아니던가?" 그런 와중에 고민하던 캐서린은 폐렴에 걸려 사경을 헤매게 된다. 에드가에게 위더링 언덕에 성이 있으니 그곳에 가서 히스를 가져다 달라고 말한다. 에드가는 페닌스톤 바위가 그들의 성이었다는 것을 알 리가 없었다. 에드가는 의사를 부르러 간다. 그 사이에 캐서린이 위중하다는 말을 들은 히스클리프는 한숨에 달려온다. 사경을 헤매던 캐서린은 히스클리프를 보며 반가워하고, 자신이 죽으면 자신을 잊을 수 있겠냐고 묻는다. 히스클리프는 그녀를 자신이 살

릴 수 있다고 한다. 캐서린은 죽고 싶다고 한다. 히스클리프는 캐서린을 원망한다. 한 움큼의 부귀 때문에 자신들의 사랑을 배반했다고. 그녀는 고원을 바라볼 수 있도록 자신을 창가로 데려가 달라고 말한다.

"내 인생은 그의 것 그가 바로 나." 그녀는 그렇게 말한다. 그리고 히스클리프 품 안에서 세상을 떠난다. 우리의 성, 그곳에서 기다리고 있겠다고. 그가 올 때까지…. 그는 이제 캐서린은 자기 것이라고 생각했다. 유령이 있는 줄 안다고. 자신이 살아 있는 한 그녀는 자신의 곁에 있을 것이라고…. 나그네가 다시 그 집을 찾았을 때 히스클리프는 캐서린을 찾아 광야를 헤매다가 그들의 성이 있는 언덕에서 죽었다는 말을 전해 듣는다. 마지막으로 그를 발견한 사람이 히스클리프가 어떤 여자와 함께 걸어가는 모습을 보았다고 한다.

* * *

영화를 참 잘 만들었다고 생각했어요. 윌리엄 와일러 감독이 확실히 거장이죠? 원작도 내용이 치밀합니다. 영화를 보면서 빨려 들어가는 느낌이 들었어요. 어린 히스클리프가 워더링 하이츠에 안 왔다면 어떻게 되었을까요? 아마도 그곳 사람들은 평범하고 평화롭게 살아갔을 것 같네요. 히스클리프는 많은 사람들을 불행하게 만들었어요. 힌들리는 히스클리프 때문에 어린 시절 아빠의 사랑을 나누어야 했고, 그 때문에 생긴 어린 마음의 상처를 치유하지 못하고 갈등의 세월

　　　　　　　　　　　　로사의 고전 영화 산책

을 살게 되고 결국 파멸했지요.

에드가의 여동생, 이사벨라는 히스클리프의 복수의 도구로 이용되었고 슬프고 안타까운 세월을 보냅니다. 에드가 역시 아내인 캐서린이 히스클리프를 못 잊는 모습을 보며 가슴 아팠겠지요. 히스클리프의 변함없는 사랑을 받은 캐서린은 행복했을까요? 사람의 마음은 환경에 따라 변할 수 있겠지요. 그녀의 사랑도 그런 것 같았어요. 히스클리프를 사랑하면서도 그녀의 포기할 수 없는 부유한 삶에 대한 동경은 히스클리프를 버리고 그녀를 에드가에게로 가게 했습니다. 인간적으로 그녀를 비난할 수 있을까요? 만약 그녀가 부유한 삶을 포기하고 순수한 사랑만을 믿고 히스클리프에게 갔다면 후회하지 않았을까요? 두 갈래 갈림 길에서 한 쪽을 선택해서 가고 있다면 선택하지 않은 다른 한 길은 미련으로 남아 있을 것 같아요. 영화 속 히스클리프는 너무나 잘생겨서, 어린 제가 생각했던 그 히스클리프가 아니어서 좀 혼란스럽기도 했습니다.

오갈 데 없는 어린 히스클리프에게 캐서린의 친절한 보살핌은 그가 느껴 보지 못한 가족의 사랑 같은 것이었겠죠. 그는 마음속에서 전적으로 캐서린 편이었을 것 같네요. 그녀가 없는 세상을 생각할 수 없었겠죠. 그녀가 없다면 두려웠을 것 같기도 합니다. 그녀가 죽은 후에도 그는 그녀를 그의 곁에 두려고 했어요. 어떤 형태라도 그는 상관이 없다고 했답니다. 캐서린을 향한 그의 사랑은 페닌스톤의 바위처럼 절대로 변하지 않는 그런 것이었답니다. 한 인간이 다른 한 인간을 향

한 사랑이 얼마나 단단하고 집요할 수 있는지를 히스클리프는 보여
주었습니다.

20180205

로사의 고전 영화 산책

작가 인터뷰

이 책을 쓰게 된 계기는 무엇인가요?

처음부터 책을 쓰려던 건 아니었어요. 2015년에 블로그를 시작하면서 글감을 찾다가 영화를 본 감상에 대해 쓰기 시작했는데요. 그렇게 한 편, 두 편 기록하다 보니 어느새 백 편이 넘는 영화 이야기가 쌓였어요. 그런데 유독 '고전' 영화 글에 사람들의 발길이 오래 머물더라고요. 그때 문득 이 글들을 한 권의 종이책으로 묶으면 어떨까 하는 생각이 들었어요. 종이책을 읽는 사람이 많이 줄어들고 있는 시대지만, 고전에 대한 이야기인 만큼 고전적인 방식으로 이야기를 전하고 싶었습니다.

'고전 영화'에 깊은 애정을 갖게 되신 특별한 이유가 있나요?

사실 거창한 이유는 없었어요. 우연히 유튜브 알고리즘에 뜬 옛날 영화들을 하나씩 눌러본 게 시작이었죠. 참 신기하게도 가볍게 스치듯 만난 영화들이 어느 순간부터 자꾸 마음에 밟히더라고요. 화려한 볼거리나 빠른 전개는 없지만, 고전 영화만이 가진 차분한 호흡과 오래가는 여운이 좋았어요. 그 묵직한 매력에 저도 모르게 서서히 빠진 것 같습니다.

수많은 명작 중에 어떤 기준으로 책에 실을 작품을 선택하셨나요?

100여 편의 감상문 중, 독자분들이 가장 편안하게 '영화 산책'을 즐길 수 있는 글들을 골라냈습니다. 모든 영화에 애정이 깊지만, 블로그 초

　　　　　　　　　　　　　　　　로사의 고전 영화 산책

창기에 쓴 글들은 지금 다시 보니 조금 설익은 느낌이 들더군요. 그래서 시간이 지나며 제 생각과 문체가 조금 더 단단하게 여문 뒤의 글들을 중심으로 엮었습니다. 독자분들이 페이지를 넘길 때마다 부담 없이 영화 속으로 걸어 들어갈 수 있도록 완성도와 가독성을 최우선으로 고려했어요.

단순히 영화를 보는 것을 넘어, 감상을 기록하는 과정은 작가님께 어떤 의미인가요?

스크린 속 장면들은 풍경처럼 흘러가는데, 어느 순간 그 이야기가 옆집 사람들의 일처럼 가깝게 느껴질 때가 있어요. 안타까운 장면을 마주하면 저도 모르게 '거기서 그렇게 하지 말지, 이렇게 되었으면 좋겠는데' 하고 말을 건네고 싶어지죠. 마치 옆에 앉은 사람에게 말하듯이요. 그 순간 제 마음속에서 일어나는 소리 없는 대화들을 붙잡아 글로 남기는 것이 저에게는 남다른 의미가 있어요. 저도 몰랐던 제 내면의 소리를 발견할 수 있거든요.

책에 소개해 주신 영화 중 작가님의 삶을 가장 날카롭게 관통한 '단 한 편의 영화'를 꼽는다면요.

「노인과 바다」를 꼽고 싶습니다. 생존을 위해 묵묵히 살아온 사람이라면, 이 작품에서 느껴지는 감회가 분명 있을 거라고 생각해요. 아직 못 보신 분들뿐만 아니라 오래전에 보신 분들에게도 추천해 드립니다. 같은 서사도 읽는 시점에 따라 전혀 다르게 받아들이게 되잖아요. 저 역시 학창 시절에 처음 책을 읽었을 때와, 세월이 한참 흐른 후에 다시 봤을 때의 느낌이 많이 다르더라고요. 특히 이 작품은 삶의 무게가 쌓일수록 감동이 깊어지는 것 같아요.

방대한 서사를 압축하는 과정에서 가장 쓰기 까다로웠거나 고심했던 작품은 무엇이었나요?

단연 「자이언트」였어요. 워낙 러닝타임이 길다 보니, 어떤 이야기를 남기고 무엇을 덜어낼지 계속 고민하게 되더라고요. 「위대한 개츠비」도 또 다른 의미에서 쉽지 않은 작품이었죠. 영화만으로는 서사가 다소 난해하게 느껴졌거든요. 저는 그럴 때 원작을 찾아봐요. 원작 소설 덕분에 영화 속 인물들의 감정선을 따라갈 수 있었죠. 두 작품은 쓰는 과정에서도 그랬고, 지금까지도 유독 오래 마음에 남아 있습니다.

글마다 삽화가 함께 실려 있습니다. 서로 다른 두 가지 표현 방식을 통해 독자들에게 무엇을 전하고 싶으셨나요?

블로그에는 영화의 장면을 직접 넣어 분위기를 전달할 수 있었는데, 책에서는 저작권 문제로 그렇게 할 수가 없었어요. 그래서 사진 대신 그림을 넣기로 했죠. 삽화는 동생이 직접 그려주었습니다. 글이 영화의 이야기를 따라가는 산책이라면, 그림은 그 장면에 잠시 머물 수 있게 해주는 쉼표 같은 역할이라고 생각했어요. 독자분들도 글과 그림

　　　　　　　　　　　　　　　로사의 고전 영화 산책

사이를 오가며 각자의 영화 장면을 자연스럽게 떠올려보셨으면 좋겠습니다.

의사로서 바쁘게 지내고 계실 텐데, 작가님만의 영화 감상 루틴이 궁금합니다.

특별히 정해둔 시간이나 절차 같은 루틴은 없어요. 시간이 날 때 편안하게 봅니다. 다만 영화를 대하는 저만의 태도는 있어요. 저는 평소에도 관심이 가는 사물을 마주하면 분석하려 하기보다 그 자체를 있는 그대로 바라보는 편인데요. 영화도 마찬가지예요. 제 앞을 스쳐 가는 풍경을 바라보듯 조용히 응시합니다. 그러다 떠오르는 생각이 있으면 그걸 놓치지 않고 천천히 적어 내려가요. 그 자연스러운 몰입의 방식이 저에게는 가장 좋은 감상 루틴인 셈이죠.

영화를 감상하실 때 스토리 외에 특별히 눈여겨보시는 작가님만의 감상 포인트가 있으신가요?

영화 속 풍경을 유심히 보는 편이에요. 그 시대 사람들이 어떤 공간에서 살았는지, 어떤 옷을 입고 무엇을 먹었는지가 자연스럽게 드러나거든요. 그 장면들을 보다 보면 '아, 그때는 이렇게 집을 꾸미고 이렇게 하루를 살았겠구나' 하고 상상하게 됩니다. 한 편의 이야기이면서 동시에 작은 시대 기록처럼 느껴져요. 그 풍경들을 바라보는 순간이 저에게는 큰 즐거움 중 하나죠.

아직 고전 영화가 낯선 입문자들을 위해 '고전 영화를 200% 즐기는 팁'이 있다면 나눠 주세요.

입문자분들에게는 흑백 화면이나 느릿한 전개, 때로는 과장된 연극 조의 대사까지 모든 것이 낯설게 느껴지실 수도 있어요. '왜 저런 상황에서 저런 선택을 하지?' 하며 답답할 수도 있고요. 무조건 낡고 오래된 이야기라고만 생각하지 말고, 등장인물들의 감정이나 선택을 자세히 들여다보시면 좋겠어요. 인물들의 행동이 이해하기 어려울 때는 그 시대의 환경을 먼저 떠올려보세요. 왜 그렇게 선택할 수밖에 없었는지를 생각하다 보면 영화가 훨씬 흥미로워져요. 격동기의 사회 분위기나 역사적 장면이 자연스럽게 스며 있는 작품들도 많아서, 교과서 속 역사보다 훨씬 생생하게 다가오는 순간도 있고요. 그렇게 '시대'라는 무대를 이해하고 나면, 고전 영화는 낯설고 낡은 '옛날' 이야기가 아니라 시간을 건너와 오늘을 사는 우리에게 말을 거는 '지금'의 이야기로 다가올 겁니다.

집필 전과 후, 세상을 바라보는 프레임에 변화가 있으셨나요?

가장 먼저 피부로 느낀 변화는 필력이에요. 평생을 이과생으로 살아오다 보니, 늘 사물을 인문학적으로 바라보는 시선이 부족하다고 느껴왔거든요. 그런데 글을 쓰다 보니 생각을 글로 꺼내는 속도가 눈에 띄게 빨라졌어요. 단순히 글을 쓰는 속도가 빨라진 것을 넘어, 세상을 보는 '해상도'가 높아졌달까요? 영화 속 인물의 선택을 곱씹듯 현실의 문제들도 한 발짝 물러서서 객관적으로, 때로는 비판적으로 바라보게 되었습니다. 글쓰기가 저에게 세상을 더 깊고 넓게 조망하는 렌즈를 끼워준 셈이죠.

앞으로 '로사의 영화 산책'은 어떤 풍경을 향해 나아갈까요?

아직 블로그에 보석 같은 영화 이야기들이 많이 남아 있어요. 한 편 한 편이 제겐 너무나도 소중한 작품들이라 그냥 묻어두기엔 아쉬움이 큽니다. 그래서 기회가 된다면 남은 이야기들을 잘 정리해서 '영화 산책'의 두 번째 코스로 안내하고 싶어요. 영화 속 풍경을 천천히 걷듯이 독자분들과의 산책이 오래오래 이어졌으면 하는 바람입니다.

마지막으로, 독자들에게 한말씀해 주신다면요.

제 책이 독자분들 '손안의 영화관'이 되었으면 해요. 영화의 장면과 흐름을 꼼꼼하게 자세히 적어두었으니 시간이 조금 남을 때, 마음이 조용해질 때마다 한 편씩 꺼내 읽어 주시면 좋겠습니다. 영상을 눈으로 볼 때와는 또 다른, 오직 독자님만의 상상력으로 채워지는 스크린이 펼쳐질 거예요. 책을 읽는 순간, 객석의 불이 꺼지고 영화가 시작될 때의 기분 좋은 설렘을 느껴보시기를 바랍니다.

작가 홈페이지

로사의 고전 영화 산책

어둠의 빛 사이, 생각이 흐르는 영화 에세이

발행일 2026년 2월 23일

지은이 전병숙
펴낸이 마형민
기획 페스트북 편집부
편집 곽하늘 유혜수 김예은 김현우
디자인 김안석 표진아
펴낸곳 주식회사 페스트북
홈페이지 festbook.co.kr
편집부 경기도 안양시 동안구 관악대로 488

© 전병숙 2026

ISBN 979-11-6929-992-3 03680
값 15,000원